Le troisième mur

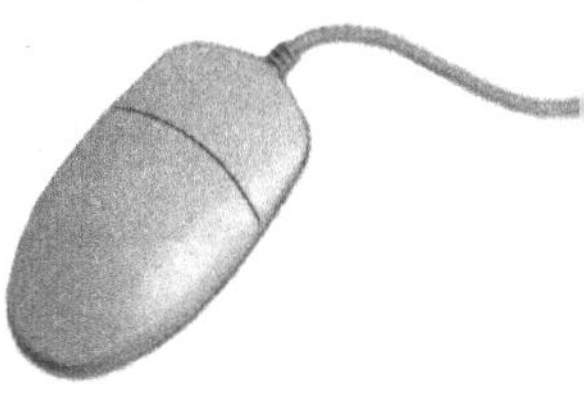

Du même auteur
chez le même éditeur :

• *Ma vie zigzague,* collection Graffiti, 1999.
Finaliste au prix M. Christie 2000.
• *Les neuf dragons,* collection Graffiti, 2005.
Finaliste au prix des bibliothécaires de Montréal, 2006.
• *Milan et le chien boîteux,* collection Graffiti, 2010.
• *Pépé Camisole et le printemps hâtif,* collection Graffiti, 2012.
• *Pépé Camisole et tous les matins d'été,* collection Chat de gouttière, 2013.
• *Pépé Camisole, un automne haut en couleur,* collection Chat de gouttière, 2014.
• *Pépé Camisole, un hiver pas comme les autres,* collection Chat de gouttière, 2015.
• *La côte du Chinois,* collection Graffiti, 2016.

Chez d'autres éditeurs
pour la jeunesse :

• *Xavier et ses pères,* roman, collection Papillon, éditions Pierre Tisseyre, 1994.

Pour les adultes :

• *Ti-cul Desbiens ou le chemin des Grèves,* roman, éditions Pierre Tisseyre, 1991.
• *Les années inventées,* nouvelles, éditions Pierre Tisseyre, 1994.
• *Canissimius,* roman, éditions Québec/Amérique, 1990.
• *Le chant des vagues,* nouvelles, éditions Pierre Tisseyre, 2018.

Pierre Desrochers

Le troisième mur

roman

SOULIÈRES ÉDITEUR
www.soulieresediteur.com

case postale 36563 — 598, rue Victoria
Saint-Lambert (Québec) J4P 3S8

Soulières éditeur remercie le Conseil des Arts du Canada et la SODEC de l'aide accordée à son programme de publication et reconnaît l'aide financière du gouvernement du Canada pour ses activités d'édition. Soulières éditeur bénéficie également du Programme de crédit d'impôt pour l'édition de livres – Gestion Sodec – du gouvernement du Québec.

Dépôt légal : 2019

Catalogage avant publication de Bibliothèque et Archives nationales du Québec et Bibliothèque et Archives Canada

Titre: Le troisième mur / Pierre Desrochers.
Noms: Desrochers, Pierre, 1950- auteur.
Collections: Collection Graffiti ; 127.
Description: Mention de collection: Graffiti ; 127
Identifiants: Canadiana 20190014547 | ISBN 9782896074587 (couverture souple)
Classification: LCC PS8557.E84222 T76 2019 | CDD jC843/.54—dc23

Illustration de la couverture :
Jocelyne Bouchard

Conception graphique de la couverture :
Annie Pencrec'h

ISBN 978-2-89607-458-7

« La musique …
c'est du bruit qui pense. »
Victor Hugo

Ouverture
(Andante)

1

Un étrange appel téléphonique

81 ANS ! UN ÂGE VÉNÉRABLE, ME DIREZ-VOUS. Certes ! Mais le corps répond encore bien, l'esprit est clair et mes mains, mes mains, qui ont fait ma réputation et ma gloire, mes mains sont toujours aussi habiles, mes doigts, toujours aussi souples et alertes. Enfin presque !

Ce matin, je me suis levé à 8 heures, comme d'habitude. J'ai pris ma douche, j'ai enfilé un survêtement et j'ai dégusté mon déjeuner sur la véranda. Une toast, un œuf poché sur fromage cottage avec un filet de vinaigre de pomme, un cappuccino sans sucre.

Il fait une journée d'automne superbe. Vingt degrés avec une brise toute douce, un ciel lumineux, un fin brouillard qui s'attarde dans la vallée où la rivière coule paresseusement. Les couleurs commencent à décorer le faîte des arbres. Déjà les bouleaux sont jaunes. Les érables rougissent de leur nudité prochaine.

J'aimerais pouvoir vous dire que je suis en harmonie avec la douceur qui m'entoure, mais il n'en est rien. Je ressens une fébrilité inhabituelle où s'entremêlent l'excitation et une confuse mélancolie. Bien sûr, à mon âge, on a les effervescences modestes. Le temps des pulsions fiévreuses et des frénésies enivrantes, la grande clameur des émois et des agitations stériles se sont attardés sur les terres lointaines d'une jeunesse depuis longtemps disparue. Ce temps fou a pris ses distances en même temps que nous avons pris de l'âge. Mais il est tout de même vrai que cette journée ne ressemble en rien aux trente mille deux cent quatre-vingt-quinze qui l'ont précédée.

Pour atténuer l'ardeur des émotions qui partent dans tous les sens, je me mets à la lecture. Pas de musique, dans ma chambre, assis dans mon vieux *lazy-boy*, devant la fenêtre ouverte. Le silence partout. Je lis dix pages. Je m'assoupis. C'est la sonnerie du téléphone qui me réveille.

— Bonjour, Maestro ! Comment allez-vous ? me demande une voix féminine et joviale.

— J'imagine que ça va comme il faudrait que ça aille, mademoiselle, ai-je répondu.

L'instinct m'indique d'employer le terme *mademoiselle* plutôt que *madame* sans trop savoir pourquoi, car je ne reconnais pas la voix au bout du fil. Sans doute est-ce la sonorité cristalline et guillerette de cette voix qui me laisse croire que la personne n'est pas mariée et qu'elle doit de surcroit être assez jeune, début vingtaine, tout au plus.

— Vous n'avez pas oublié que nous passions vous prendre à treize heures n'est-ce pas ? ajoute-t-elle après un court silence.

— Me prendre à treize heures... que je répète avec une finale en point d'interrogation. Je n'ai aucune idée de ce dont me parle cette jeune personne. Je m'excuse, mademoiselle, mais pourriez-vous me dire avec qui j'ai l'honneur de m'entretenir en ce moment ?

Il y a un long silence comme si mon interlocutrice réfléchissait à ce qu'elle doit dire. Aurait-elle oublié son nom ? Peu probable. Un faux numéro alors ? Ou une journaliste à qui je n'ai pas souvenir d'avoir donné rendez-vous ? Elle a bien prononcé le mot *maestro,* ce qui signifie que cette personne sait très bien à qui elle s'adresse. Quoi qu'il en soit, je ne souhaite pas donner suite à l'appel.

— Excusez-moi, chère madame ou mademoiselle, mais je crois que vous vous êtes trompée de numéro.

Je viens pour raccrocher quand la voix se fait à nouveau entendre sans que rien n'ait altéré son côté enjoué.

— Maestro ! Ne raccrochez pas, je vous en prie. Je ne souhaite pas faire retentir cette sonnerie du téléphone une seconde fois.

En l'entendant, je me fais la réflexion que cette jeune personne doit rire en parlant et parler en riant. « Elle aime la vie, ne puis-je m'empêcher de penser, et la vie semble l'aimer. » Cette pensée me la rend soudainement plus sympathique.

— Maestro, reprend-elle presque aussitôt, je crois deviner que je vous réveille, n'est-ce pas ?

Comment a-t-elle pu comprendre que je dormais ? Décidément, ces maudits téléphones modernes ont des yeux ou des capteurs sensoriels dont on ignore la présence. Je me tourne vers l'horloge de bronze doré installée sur la commode de ma chambre. Quelle heure peut-il être ? Grand Dieu ! Midi trente ! Je croyais qu'il était, quoi, pas plus de…

Il ne faudrait tout de même pas laisser cette jeune personne sous l'impression que je sors tout juste du lit, à midi et demi un samedi matin. À mon âge, ça ne ferait pas très sérieux.

— Eh bien ! pour dire la vérité, je me suis en effet endormi sur un livre que j'étais en train de lire. Pourtant ce roman n'a rien d'ennuyeux. Mais, que voulez-vous, mes yeux parfois, n'est-ce pas…

J'entends à travers l'appareil la jeune femme qui me sourit amicalement.

— Ne vous excusez, Maestro. Il m'arrive la même chose quand je lis. Je tourne les pages et, au bout de dix minutes, je ronfle.

— Ronfler ! Vous ! J'ai du mal à imaginer une personne telle que vous en train de ronfler.

— Disons alors que je fais comme vous, je dors. Et je me réveille une heure plus tard le livre sur les genoux sans trop savoir où je me trouve... C'est Louison à l'appareil.

2

Un fabricant de bulles de savon

— C'EST LOUISON À L'APPAREIL !

J'imagine que j'aurais dû répondre « Ah oui ! Bonjour Louison ! Comment allez-vous ! » Mais non. Je suis complètement dans les vapes. Je déteste me faire réveiller comme ça par le téléphone. J'ai toujours l'impression, dans ces moments-là, que mon cerveau a décidé de prendre des vacances séparées. Alors, je suis là comme un imbécile avec le combiné à la main en train de me demander : « *Louison ? Louison ? Est-ce que je devrais connaître une Louison ?* » Maudite vieillesse ! On devrait pouvoir faire avec les humains ce qu'on fait avec les ordinateurs, leur brancher une cervelle extérieure pour y mettre en mémoire l'ensemble de nos souvenirs au cas où le disque dur interne viendrait à faire défaut. On sauterait alors d'une boîte à l'autre et on ne serait pas pris au dépourvu par des situations aussi embarrassantes que la mienne en ce moment.

Et puis oups ! L'éclaircie ! Le beau soleil qui revient ! Mais oui, par tous les saints, bien sûr ! Mademoiselle Louison ! Mon ange gardien !

— Bien sûr, mademoiselle ! Comment ai-je pu… ? Enfin, excusez-moi. C'est toujours comme ça quand on me surprend en plein sommeil. Mon cerveau se congestionne. Ça fait un peu désordre dans les jointures de mes circonvolutions cérébrales.

Depuis une semaine, cette jeune femme s'occupe de moi comme on s'occuperait d'une porcelaine fine, d'un tableau de grand maître, d'une sculpture de Praxitèle[1] qu'on s'apprêterait à exposer dans un musée prestigieux. Cette comparaison m'apparaît tout à fait juste, car c'est exactement ce qu'il me semble que je suis soudainement devenu, une antiquité un peu étrange tout juste bonne à combler un espace vide dans un musée.

— Votre cerveau, Maestro, est en excellent état. Je peux vous l'assurer ! me répond Louison avec cette coutumière vivacité et cette douceur qui distinguent sa voix de toutes les autres. Je voulais simplement vous rappeler que nous avons la conférence de presse à treize heures trente. Je passerai vous prendre à une heure pour vous conduire au PEP.

1 *Praxitèle: le plus célèbre sculpteur grec de l'Antiquité (-395 à -326)*

Cette satanée conférence de presse ! Je l'avais oubliée. Et comme le nom de Louison y est intimement associé - c'est elle qui en a eu l'idée et c'est encore elle qui me l'a imposée avec finesse et délicatesse bien sûr, mais imposée tout de même - alors, il n'est pas étonnant que son nom se soit évaporé dans les brumes de mon sommeil en même temps que s'effaçait de ma mémoire cette misérable rencontre avec les journalistes.

Je déteste les conférences de presse. Je trouve l'exercice futile, vulgaire et prétentieux. Ce que j'ai à dire, c'est avec la musique que je l'exprime, le reste... foutaise ! Et puis, durant ces rencontres, il se glisse toujours des questions indiscrètes sur ma vie privée (ce qui m'agace), sur mes positions politiques (que je ne possède pas), sur les événements qui secouent notre planète (les guerres, les manœuvres hégémoniques des États-Unis, de la Chine ou de la Russie.) Comme si je devais avoir une réponse à tous les phénomènes sociaux, militaires et économiques qui affligent le monde ! Je suis un concertiste, sacré nom d'un chien ! Un simple pianiste ! Pas un de ces politicologues, de ces économistes ou de ces sociopathes de tout acabit qui nous ont fabriqué ce monde de fous dans lequel nous habitons. Et si ce n'était que ça, les questions indiscrètes, ça pourrait toujours aller, mais il y a aussi celles touchant mes projets personnels (ils sont personnels justement ! Pas question d'en faire l'étalage public ! Il me semble que c'est simple à comprendre !)

Et puis voulez-vous bien m'expliquer en quoi mes opinions sur le sens de la beauté, ou sur la vie et la mort dans l'œuvre de Bach, ou chez Mozart, Kierkegaard, Aristote ou Saint-Augustin, peuvent intéresser les gens ? D'ailleurs qui peut dire ce qu'est la vie ? La VIE ne peut se définir qu'en la comparant à la MORT. Mais, la mort, tant qu'on ne l'a pas vécue, on ignore ce que c'est. Et quand on l'a vécue, on n'est plus là pour l'expliquer. Alors, que peut-on dire de la VIE ? La Vie, ça se VIT, point à la ligne. Pareil pour la beauté ! Vous savez c'est quoi, la beauté, vous ? Eh ben ! moi non plus.

Je le répète, je ne suis qu'un pianiste de concert. En dehors du piano, je ne connais rien. Oh ! Je ne suis pas un imbécile, je ne suis pas aveugle non plus, ni sourd, heureusement ! Je sais dans quel merdier se trouve notre pauvre planète. Alors… Alors… Je ne sais pas, je ne sais rien concernant les moyens à prendre pour le sauver, ce pauvre monde. Tout ce que je peux faire, c'est jouer du piano le mieux que je peux.

Lors d'un voyage au Portugal, sur la majestueuse place du Commerce de Lisbonne, je me souviens de m'être arrêté pendant de longues minutes pour observer un artiste de rue qui s'activait à fabriquer d'immenses bulles de savon avec une longue corde qu'il trempait dans un seau d'eau savonneuse pour le plus grand plaisir des enfants qui le regardaient complètement subjugués. Pour tout l'or du monde, aucun de ces gamins qui pourtant s'ingéniraient avec tant de plaisir à crever les petites bulles de savon, aucun n'aurait fait le moindre geste pour tenter de faire éclater ces fragiles ballons qui auraient pu les contenir tout entier et qui ondoyaient dans l'air pendant que la lumière du jour les colorait tels de petits arcs-en-ciel. Les enfants restaient-là, admiratifs et respectueux devant un phénomène qui les dépassait par sa beauté et sa fragilité.

Je me mis à penser que c'est ce que j'étais, moi aussi, un marchand de bulles, pas des bulles de savon bien sûr, mais des bulles de temps, des bulles d'air que je fabriquais avec mes doigts qui couraient sur un clavier de piano et que je plongeais dans le seau de la musique pour en faire jaillir des bulles musicales qui gonflaient, gonflaient jusqu'à envelopper toute la salle où s'entassaient des milliers de personnes. Les gens restaient là immobiles et admiratifs, ils écoutaient sans oser bouger. Avaient-ils le besoin de tousser qu'ils se retenaient. Grâce à ces bulles magiques, j'offrais à l'humanité un moment de repos et je lui permettais de souffler un peu.

Oui, de toute ma carrière, je n'ai fait que mettre quelques intervalles heureux dans cette suite de catastrophes qui affligent l'humanité en interprétant des œuvres grandioses écrites par des êtres humains de génie. C'est tout ce que j'ai fait. Cela mérite-t-il vraiment qu'on fasse une conférence de presse pour l'expliquer ?

— Oui ! m'avait répondu Louison la première fois où nous en avons discuté. Plus que jamais oui, Maestro ! Le monde a besoin d'entendre ce que vous avez à dire de cette vie exceptionnelle que vous avez vécue en communion avec la musique.

— Alors, avais-je murmuré tristement, si le monde a vraiment besoin de m'entendre parler, c'est que j'ai raté ma vie. Les enfants, mademoiselle, avaient-ils besoin qu'on leur explique les bulles de savon ? S'il me faut aujourd'hui expliquer mes bulles, à quoi auront servi toutes ces années passées à m'exprimer par la musique ?

Louison s'était approchée, je me souviens. Elle s'était installée devant moi, avait pris mes mains dans les siennes avec une douceur infinie, les avait regardées longuement. Quand elle avait relevé le visage, son regard s'était frayé un chemin vers les couches les plus profondes de mon âme.

— Ces mains, Maestro, ont donné un sens à ce monde.

Ses mains avaient alors lâché les miennes et sa dextre s'était posée sur ma poitrine. J'avais senti une douce chaleur m'envahir.

— Ce cœur, avait-elle enchaîné avec la même émotion, lui a donné du bonheur. Que votre bouche lui offre un second souffle. Avant de quitter la scène, faites-nous cette dernière faveur. Dites au monde ce que vous venez de me dire.

Sur le coup, j'avais failli éclater de rire tellement cet argument me paraissait exagéré et mélodramatique. Mais je m'étais abstenu. J'avais compris que Louison parlait très sérieusement. Nos regards s'étaient noués l'un à l'autre, un regard étrange, tout à fait inhabituel pour le genre de relation que nous avions établie, elle et moi. J'étais comme un enfant qui regarde son maître et qui apprend le sens qu'il doit donner à son existence. C'était comme si, entre nous, en cette fraction d'instant et pour ce seul instant, les rôles de chacun avaient basculé. Alors, je m'étais laissé convaincre. J'allais participer à cette rencontre de presse.

3

Je déteste les conférences de presse

BIEN SÛR, JE POURRAIS ENCORE ME DÉSISTER. IL EST ENCORE TEMPS. ON NE M'Y TRAINERA PAS DE FORCE À CETTE SATANÉE CONFÉRENCE DE PRESSE. Mais je ne vais pas me défiler à la dernière minute, ça ne se fait pas. Cette jeune personne ne mérite pas ça. Elle perdrait toute crédibilité auprès des journalistes. Ce serait une tache sur sa carrière naissante. Et puis, quoi, je ne vais quand même pas lui resservir cette longue complainte concernant ce que je pense de ces entretiens avec la presse. Elle l'a entendue à plusieurs reprises, donc inutile de lui repasser les plats, elle a été servie.

— Bien sûr, ma chère Louison. Je vous attends. Mais nous sommes d'accord n'est-ce pas : pas plus de quarante-cinq minutes et on commence à l'heure dite, même s'il n'y a pas un seul scribouilleur dans la salle.

— Ne vous en faites pas. On ne va pas retarder votre répétition avec l'orchestre. Elle est prévue pour 14 heures 30. Et puis, croyez-moi, les journalistes seront présents. La salle sera pleine.

— Eh bien ! Si vous voulez le fond de ma pensée, espérons qu'ils seront le moins nombreux possible… Que devrais-je porter d'après vous ?

— Maestro ! Ce n'est tout de même pas la première conférence de presse à laquelle vous participez ! Habillez-vous comme il vous plaira. Ils vous prendront comme vous êtes. C'est vous le roi, pas eux !... Alors, entendu ! Nous sommes là dans trente minutes.

« Nous ? pensé-je. Tiens ! Il y aura quelqu'un avec elle. »

Elle raccroche.

Je me rends à la salle de bain. Essayons de reprendre forme humaine autant que faire se peut. Je me rase, me crème, me peigne. J'enfile un chandail noir en laine mérinos à col cheminée, sous une veste de couleur marron, un pantalon marinier noir sans pli. Je porte ma montre en or, ma chevalière.

À une heure, une luxueuse limousine apparaît devant la maison. Elle est assez grande pour y asseoir une équipe complète de football. Un petit éclat de rire s'échappe de ma bouche.

« Décidément, elle y tient, la gamine, à sa conférence de presse. Elle y a mis le paquet, dis donc ! »

Louison a sonné. Je lui réponds. Elle entre, referme la porte derrière elle. Elle me regarde. Elle semble apprécier ma tenue. Elle me sourit de cette façon lumineuse qu'elle arbore quand elle veut me montrer sa satisfaction. Sans que je m'y attende, elle s'approche et dépose un baiser sur ma joue.

— Tout est parfait… Vous êtes décidément un homme vraiment séduisant !

J'ai failli lui répondre de ne rien exagérer, mais je n'en fais rien. Pourquoi bouder son plaisir, après tout ? Quand une jeune femme aussi adorable que mademoiselle Louison vous dit que vous êtes séduisant, on se tait et on sourit.

Louison jette un rapide coup d'œil sur le salon et, plus loin, vers l'arrière de la maison.

— Monsieur Frédéric ne…

— Non ! que je me hâte de lui répondre tout en ne lui laissant pas le temps de terminer sa question. Il a été appelé auprès de sa sœur qui vient de subir une intervention chirurgicale.

— J'espère que tout s'est bien passé pour elle.

— Les cataractes simplement. Son mari et ses enfants s'occupent bien d'elle.

Je vois passer dans les yeux de Louison comme une objection muette concernant l'absence de Frédo. J'ai la même. J'ai du mal à accepter qu'il me prive de sa présence un jour comme aujourd'hui pour un si mince motif. J'aurais tant souhaité qu'il soit à mes côtés pour cet ultime concert.

Je crois que la jeune femme a bien perçu la tristesse sur mon visage. Elle a donc laissé éclore un magnifique sourire sur ses lèvres, sûrement le plus éclatant de tous ceux que je lui ai vus esquisser devant moi. Elle met son bras sous le mien et nous partons pour la salle Paul-Émile-Patenaude (le PEP) comme un couple assez mal assorti, il est vrai, mais n'est-ce pas ce qui en fait tout le charme ?

Quinze minutes plus tard, nous arrivons dans l'antichambre de la salle où se tient la conférence de presse. Déjà, en entrant dans la pièce surchauffée par l'arrivée du soleil depuis les fenêtres panoramiques qui font tout un pan du mur, j'ai la nausée. On me sert un verre d'eau effervescente avec citron. On ferme les stores, on met en fonction un ventilateur pour rafraîchir l'atmosphère. Louison me masse légèrement le cou. Je me calme. C'est à ce moment que les bruits de la salle de conférence me parviennent. Manifestement, il s'y trouve un grand nombre de personnes qui s'y activent déjà. Moi qui espérais n'avoir affaire qu'à deux ou trois égarés plus ou moins heureux d'une mission imposée par leur rédacteur en chef, je dois vite me faire à l'idée que j'aurai à affronter une meute de gratte-papiers et de photographes.

Cinq minutes plus tard, j'entre dans la cage aux lions. Il y a alors un mouvement brusque de personnes qui s'amènent vers moi en me fusillant de leurs flashs. J'ai failli refluer vers l'antichambre tant je suis pris de panique par la mêlée qui se manifeste sous mes yeux. On se fonce dessus pour avoir le meilleur angle, on se bouscule pour maintenir sa position ou pour l'améliorer.

— Par ici, Maestro ! ... Clic ... Un sourire ! ... Flash ! Clic... Clic... Clic... Merci ! ... Quelques mots pour la télévision ! ... Clic, flash, clic, clic, clic... Merci ! ... Regardez vers l'objectif, Maestro ! ... Reclic, clic, clic, clic... S'il vous plaît, Monsieur ! ... Voilà ! ... Encore ! Souriez !

On doit repousser quelques agités afin de m'ouvrir un passage vers la table où je prends place sous les applaudissements des autres personnes présentes qui sont debout à m'attendre avec leur minuscule appareil d'enregistrement à la main. Je crois, à un certain moment, que je me suis trompé de lieu, d'heure et d'époque. C'est là l'accueil qu'on réserve habituellement à une rockstar, à un président de la République ou à un grand criminel crâneur, tout fier de ses exploits et tout excité à l'idée d'avoir encore une fois échappé aux griffes de la justice et à celle du fisc lors d'un procès très médiatisé.

Je ne suis rien de tout ça. Je ne suis qu'un pianiste de concert, un homme que presque tous ces gens ont boudé tout au long de sa vie professionnelle qui fut pourtant bien remplie. Je le dis sans fausse modestie, car tel fut bien le cas. Jamais je n'ai fait l'objet d'un pareil cirque médiatique. Je n'aurai eu droit durant mes soixante années de carrière, du moins ici au Québec, qu'à de rares entrevues lors de mes passages à Montréal, Vancouver, Toronto, Québec ou Ottawa. Et encore se résumaient-elles en de courts entrefilets en page quatre du cahier des arts des journaux ou dans des émissions de fin de journée à la télévision. Et maintenant que je prends ma retraite, que je ne vais plus revenir sur scène après le concert de ce soir, ils sont là, frénétiques, tout fiers d'être en ma présence, avec leurs flashs, leurs caméras, leurs questions indiscrètes. Quelle ironie tout de même !

4

Allô ! Ici Tokyo !

TOUT S'EST BIEN PASSÉ. LOUISON A MENÉ LA RENCONTRE AVEC LES JOURNALISTES DE MAIN DE MAÎTRE. JE PEUX MÊME DIRE QUE JE M'Y SUIS AMUSÉ. Je me suis surpris à répondre à des questions touchant à des notions d'ordre philosophique comme la valeur de la musique dans le monde d'aujourd'hui, d'autres sur la vie, la mort, l'espoir.

Il y a eu un seul moment désagréable quand cette jeune femme s'est levée, l'air conquérant d'une walkyrie, veste jean, pull blanc, pantalon beige. Belle apparence, mince, jolie et consciente de l'être.

— Monsieur Moshar ! Considérant le fait que le milieu de la musique classique est un milieu plutôt bourgeois et ancré dans une certaine tradition conventionnelle, nos lecteurs aimeraient connaître vos impressions sur la place qui est réservée aux gais. Le fait que vous partagiez votre vie sentimentale avec un autre homme s'est-il avéré un inconvénient dans votre carrière ?

La question a soulevé un certain nombre de soupirs désapprobateurs dans la salle. Louison, à mes côtés, s'est penchée sur son micro. Je sens en elle bouillir une violente colère.

— Je croyais avoir été très claire concernant les limites à l'intérieur desquelles il était permis de poser des questions au maestro Moshar et votre question outrepasse…

En moi, la noirceur s'est faite, brutale, violente. Je l'ai sentie lourdement s'abattre autour de moi, le plus épais, le plus haut des trois murs qui m'ont si longtemps isolé du reste du monde : le troisième mur, celui de la honte d'être ce que je suis. Un être anormal, un homo, une tapette, un gai. Ce troisième mur que j'ai dressé brique par brique, pierre par pierre pour qu'on ne me heurte pas mortellement, qu'on ne m'atteigne pas d'un coup fatal au cœur. Même à quatre-vingts ans passés, il est toujours là, ce rempart terrifiant, prêt à me happer, me dévorer, me désintégrer, à me protéger aussi encore et encore. Car la vie m'aura au moins appris ça : il n'y a nul bien, nulle bonté, nulle clémence à attendre d'un mur. Alors, il me faut me battre contre lui pour le soulever et l'obliger à reprendre sa place, quelque part, là-bas, dans l'ombre noire de la honte, jamais loin, mais pas trop près.

Lentement la lumière me revient, l'air aussi. Je tapote le bras de ma jeune protectrice qui se tourne vers moi.

— Laissez, Louison ! Je vais répondre à cette jeune personne... Ce qui m'étonne, mademoiselle ou madame, c'est qu'une pareille question me vienne d'une personne aussi jeune que vous. Cela me prouve que notre monde n'en a pas fini avec les préjugés, ni avec la discrimination et la malveillance. Que les choses aient si peu évolué depuis ma jeunesse jusqu'à ce jour, est tout simplement effarant. Je répondrai une seule chose à la question que vous soulevez. Je rêve du jour où ce genre de questions deviendra inutile et insultant pour celui ou celle qui la pose. Voilà ! C'est tout ce que je dirai sur ce sujet.

La jeune femme s'est rassise sans rien ajouter. Je sens à son regard que mes paroles l'ont profondément déstabilisée. Louison a repris en main la conduite de la conférence de presse en donnant la parole à un autre reporter qui aborde le problème de l'enseignement de la musique dans les écoles du Québec.

Une dizaine de minutes s'écoulent à travers le feu nourri des questions habituelles, puis Louison désigne un vieux monsieur qui se lève laborieusement de sa chaise.

Il est assis, comme à son habitude, dans le fond de la salle. Sans doute est-ce la raison pour laquelle je ne l'ai pas aperçu avant qu'il ne soit debout et qu'il m'interpelle. Ça et le fait que je n'aurais jamais cru possible qu'il soit présent à cette conférence de presse qui se tient si loin de son Tokyo natal.

Il porte son habituel vieux veston de velours côtelé vert, élimé aux coudes jusqu'à la trame. Cheveux mal peignés, chemise défraîchie, lunettes rondes qui en font la caricature du Japonais typique. Puis, au travers de ses lunettes, ce regard intelligent, ces yeux perçants comme une mèche de vilebrequin. Une voix calme, imperturbable, presque monocorde, qui manie les mots comme des armes.

C'est le vieil Aïko Yamazaki du *Mainichi Shimbun,* le plus grand quotidien du Japon, et lui, certainement l'un des critiques musicaux le plus respecté au monde. Nous nous sommes liés d'amitié au tout début de nos carrières respectives, et cette amitié ne s'est pas démentie pendant les soixante années qui ont suivi.

En le voyant debout à une dizaine de mètres de moi, les mains posées sur le dossier de la chaise devant lui, comme s'il s'en servait de tuteur pour garder son équilibre, j'en ai presque les larmes aux yeux. Je voudrais me lever pour aller serrer dans mes bras ce vieil ami, mais je n'en fais rien sachant très bien qu'il n'apprécierait pas ces effusions en public.

Malgré ses quatre-vingt-quatre ans passés, il est droit, solidement planté sur ses courtes jambes, le corps à peine un peu courbé, la voix toujours aussi bien timbrée. Il n'a ni crayon pour noter ni petite machine enregistreuse pour capter les réponses des gens qu'il interviewe. Tout s'inscrit dans son cerveau. Et ses articles respectent intégralement l'exactitude des propos qu'on a tenus en sa présence. Il n'invente rien, n'interprète rien. Il rend mot pour mot ce qu'on lui a dit. En ce sens, il peut représenter un réel danger pour les imbéciles ou les prétentieux qui y vont à l'esbroufe pour épater la galerie, car vous savez à l'avance que vos paroles seront scrupuleusement rapportées avec une précision incontestable. Et si vous dites des âneries, il est inutile d'espérer de cet homme quelque indulgence. Il ne se privera pas de le faire savoir au monde.

Bien sûr, la question que je répugnais qu'on me pose, c'est de lui qu'elle est venue.

— Maestro, je ne m'attarderai pas à vous demander que vous fassiez le bilan de votre prestigieuse carrière, lance-t-il de sa voix atone en guise d'introduction. On se connaît suffisamment bien, vous et moi, pour que je n'aie pas à le faire. Et puis, il y aurait trop à dire vu le temps dont nous disposons, sans compter que je n'ai plus la mémoire de mes jeunes années pour retenir chaque détail que vous seriez amené à nous servir.

Il y a un petit éclat de rire dans la salle, car chacun sait, du moins ceux qui le connaissent de réputation, que l'homme a gardé intactes toutes ses facultés mentales et que sa mémoire, toute chargée qu'elle soit d'informations de toutes sortes, n'en demeure pas moins d'une fulgurante efficacité.

— Non ! Je voudrais simplement que vous nous disiez, avec le recul que l'âge vénérable nous permet d'avoir, quel aura été votre apport à la musique dans ce monde qui a subi et qui continue à supporter tant de terribles bouleversements sociaux et politiques. Plus clairement, qu'espérez-vous que nous retenions de votre passage sur Terre ?

Il se fait un grand silence dans la salle qui se prolonge de longues secondes. Je risque un regard vers Louison qui soulève légèrement les épaules comme si elle cherchait à me faire savoir qu'elle n'est pour rien dans le fait qu'on me pose une question aussi pernicieuse. Mais je déniche dans son petit sourire qui accompagne son haussement d'épaules des indices qui me prouvent exactement le contraire.

Je suis venu à deux doigts d'éluder la question avec une réponse du genre « On est bien mauvais juge de soi-même et des traces que nous laissons derrière nous. Alors, laissons au temps le soin d'en juger, monsieur Yamasaki. » Mais, encore une fois, je me suis abstenu d'emprunter ce raccourci et j'ai plutôt choisi de me plier au jeu. Puis-je faire autrement devant mon vieil ami ? Et comment résister aux entourloupettes employées par cette chère Louison pour m'obliger à dire ce que je répugne à dire ? Belle stratégie, mademoiselle ! que je me contente de penser en souriant en mon for intérieur. Alors, je réponds, avec toute la sincérité et l'authenticité dont je suis capable. Et je me surprends à y prendre plaisir. Les mots coulent de ma bouche sans que j'aie besoin d'y réfléchir, comme s'ils étaient là depuis très longtemps et n'attendaient que ce moment pour prendre leur envol. Sans doute, me dis-je, Louison avait-elle perçu cela à travers toute sa naïve intuition.

— Quelle empreinte un homme peut-il espérer laisser quand il marche à la surface de l'eau, monsieur Yamasaki ? Aucune ! ... Je n'ai jamais fait de musique pour autre chose que la musique. Si j'ai laissé quelques traces à la surface de l'eau, ça ne saurait être que pour un très fugace instant.

Et je narre le souvenir que j'ai gardé de ma présence sur la place du Commerce de Lisbonne alors que j'admirais le fabricant de bulles de savon. Je m'emploie à décrire toute la poésie qui s'en dégageait, le respect qu'un tel spectacle suscitait chez les enfants et la signification que j'en tirai pour ma propre expérience humaine.

— De toute mon existence, conclus-je enfin, ç'aura été, jusqu'à la toute fin, ma seule prétention, d'être un simple faiseur de bulles musicales éphémères par lesquelles, pour un court moment, les gens pouvaient échapper au désespoir de ce monde barbare. Si j'ai pu apporter à mes semblables ces petits instants de grâce, alors ma vie n'aura pas été inutile.

La rencontre s'est achevée sur ces mots et dans un silence respectueux auquel a succédé une longue ovation. Après être allé saluer Aïko, je me suis retiré.

5

Le grand trou noir

IL EST QUATORZE HEURES TRENTE QUAND JE GAGNE LA GRANDE SALLE DU PEP OÙ L'ORCHESTRE SYMPHONIQUE DE MONTRÉAL ET LE CHEF CHARLES-HENRI GROSSMANN M'ATTENDENT POUR LES RÉPÉTITIONS.

Il faut vous dire qu'autant je déteste les conférences de presse, autant je déplore le fait de devoir répéter à quelques heures d'un concert. Mais, cette fois, je n'ai pas pu y échapper. Les circonstances ont fait que c'est le seul moment que nous avons de nous réunir afin de peaufiner l'exécution des pièces mises au programme.

Maestro Grossmann et moi, nous nous connaissons depuis de très nombreuses années et cela facilite les échanges. On s'entend rapidement sur la lecture des œuvres que je dois interpréter, sur les attaques, le tempo. Avec l'orchestre, on fait un premier déblayage, puis on reprend les passages les plus délicats. Une heure suffit pour que tout se mette en place à la satisfaction du maestro. Ça été finalement, là encore, une agréable rencontre. Mais, cette fois, la chose était prévisible. Jouer avec l'OSM a toujours été pour moi une expérience artistique enrichissante et plaisante en raison de la qualité des chefs qui s'y sont succédé et de la profondeur de jeu de ses musiciens.

Ce soir, le public aura droit à un programme tout à fait exceptionnel : l'ouverture de Lohengrin de Wagner, suivi du premier concerto pour piano de Rachmaninov, après l'entracte, la Moldau de Smetana avec, en fermeture, le concerto pour piano n°1 de Tchaïkovski. Pour le rappel, j'ai prévu d'exécuter la Fantaisie-Impromptu de Chopin, mais, pour cela, nous verrons bien dans quel état m'aura laissé ce brave Tchaïkovski.

Les musiciens se sont retirés. Le chef machiniste vient d'éteindre une à une les lumières dans la salle et sur la scène sauf une qui isole le piano au milieu de l'obscurité. Autour de moi, c'est le vide absolu.

Elle est entrée. J'entends son pas furtif qui s'avance vers moi. Elle s'assoit sur la chaise du premier violon tout près. Elle ne dit rien. Je ne la regarde pas. Je suis hypnotisé par le grand trou qui nous entoure, elle et moi.

— Ça va bien, Maestro ? me demande Louison d'une voix à peine éclose comme si elle cherchait à déplacer le moins d'air possible entre chacun de ses mots pour ne pas me distraire.

— Oui ! Je m'imprègne de l'atmosphère de la salle, de sa sonorité, de son âme... Voilà ! La boucle est bouclée. Je suis de retour là où tout a commencé il y a soixante-neuf ans alors que j'ai mis, pour la première fois, les pieds dans cette école de musique. Vous saviez que j'ai fait mes années d'école secondaire ici, mademoiselle ?

— Oui ! Je connaissais ce détail de votre vie.

— Oh ! Ce ne fut pas un détail ! Tout, mais pas un détail ! Les cinq années que j'ai passées ici m'auront marqué à jamais... Ce ne fut pas toujours facile. Il y a eu des temps de défaillance, des moments de solitude et d'isolement extrêmes et terrifiants. Mais aujourd'hui, je suis là, exactement à l'endroit et à l'heure que je souhaitais, devant mon piano et dans cette école, dans cette salle... Il me semble ne l'avoir jamais quittée... J'ai eu une vie extraordinaire. Et j'ai vécu ici certainement quelques-unes des années les plus bouleversantes de mon existence... Ma carrière a commencé trop vite pour que je puisse vraiment en profiter.

À peine deux années après mon arrivée ici, je présentais déjà mon premier concert professionnel en présence de l'Orchestre symphonique de Montréal. Celui-ci se produisait au PEP et maestro Nagano m'avait offert d'y interpréter le 1er concerto pour piano de Tchaïkovski. Ma performance, ce soir-là, avait été irréprochable, j'ai la modestie de l'admettre. Elle me valut une invitation à me produire à Montréal l'année suivante. Ce fut à nouveau un grand succès. C'est ce soir-là que naquit mon titre de jeune prodige du piano et que se dessina l'avenir de ma carrière de pianiste de concert. L'été qui suivit, je fus invité à participer à une longue tournée européenne qui me conduisit à Vienne, Genève, Rome, Paris et Londres. Vous imaginez. Je n'avais même pas encore quinze ans!

— Vous en parlez comme d'un regret.

— Non! Pas comme d'un regret, comme d'un manque peut-être. Je n'avais pas la maturité pour absorber un tel choc. La chute après une montée si fulgurante fut particulièrement pénible. J'avais goûté aux fruits pervers d'une gloire prématurée. Maestro Menaldi eut beaucoup de mal à me faire comprendre que j'avais encore un long chemin à parcourir avant d'atteindre les standards exigés pour une carrière de concertiste. Mais grâce à son infinie patience et à sa grande humanité, je finis par me remettre au travail et par retrouver un semblant de vie normale. Mais je peux tout de même affirmer avec certitude que c'est ici que j'ai vécu les années les plus marquantes et les plus exaltantes de ma vie. Maestro Menaldi appréciait cette salle qui n'est pourtant ni la plus belle, ni la plus grande ni la plus célèbre de celles que mon aventure musicale allait me faire connaître. Non certes pas. Mais elle cache en ses murs une qualité rare que peu de salles de concert possèdent : elle a une voix ! Une voix inimitable, parfaitement ajustée aux modulations d'un instrument aussi capricieux que le piano.

Vous savez, on l'ignore trop souvent, mais une salle de concert est un être vivant. Elle est la troisième interprète d'une œuvre, on joue avec ou contre elle selon que le son y voyage bien ou mal. Or, ici, la musique y a ses aises.

Un long silence s'installe entre Louison et moi. Durant un moment je la sens qui frissonne.

— Vous avez froid ? que je lui demande.

— Non ! C'est simplement ce vide, tout ce noir. Je n'avais jamais vu une salle de concert pareillement plongée dans le noir. On dirait un grand trou béant. Ça a quelque chose d'inquiétant.

— Vous trouvez ? Ça n'a pourtant rien de bien effrayant. Mystérieux peut-être ! Ici, mademoiselle, c'est le lieu de toutes les solitudes où le musicien se tient assis sur son banc comme un prisonnier devant ses juges. J'aime ces îlots de paix absolue qui précèdent chaque prestation alors que l'artiste se retrouve sur la scène en tête à tête avec son instrument. C'est toujours le moment le plus jouissif d'un concert. Celui de tous les possibles.

Pendant ces quelques secondes qui préludent à l'instant où on va faire vivre les touches, il y a ce lieu sublime, indéfini, où plus rien n'existe sinon un homme et son piano. Plus d'orchestre, plus de public, plus de salle, aucun bruit, qu'un grand trou noir perdu au milieu du silence. C'est un temps de grâce que rien ne peut surpasser, un instant si grandiose qu'on ose à peine y croire, un moment que tout pianiste vous avouera être ce qui se fait de plus sensuel en ce monde.

Ces quelques secondes qui précèdent tous les autres sont si uniques, si admirables, que le geste qu'il nous faut produire, cette main que l'on doit soulever pour animer l'instrument muet qui nous hypnotise, ce geste-là devient, entre tous, le plus difficile à poser. Il faut se faire violence pour la lever, cette main qui nous semble si lourde, il nous faut l'alléger, la dominer avant de la laisser retomber sur le clavier. Et alors, tout s'exalte. Sans en prendre tout à fait conscience, s'élève au milieu de rien, au milieu du silence, une note qui a ce pouvoir incommensurable de tracer une frontière entre le profane et le sacré, entre le vulgaire et le grandiose. Du tumulte émerge la perfection. Là où il n'y avait rien, il y a tout. Et tout ça grâce à vous, grâce à cette note que vous avez produite en posant le doigt sur une touche.

Voilà ce qu'aura été ma vie, mademoiselle, faire naître la beauté au milieu du chaos. Certains pianistes ont horreur de ce moment. Sitôt assis, ils implorent le chef d'appeler l'orchestre et de commencer. Moi, au contraire, ces moments m'enivrent et toute ma carrière j'ai demandé aux maestros de m'accorder ces quelques secondes de solitude.

Je me souviens même un soir, à Carnegie Hall, où j'avais mis près d'une minute avant de donner son feu vert au chef d'orchestre. Le silence qu'il y eut ce soir-là durant cette longue minute est très certainement l'un des moments les plus marquants de ma carrière. On aurait pu entendre voler une mouche de l'autre côté du fleuve Hudson qui coule pourtant à cinq rues du prestigieux amphithéâtre. Nous enregistrâmes, ce soir-là, l'un des plus magnifiques concerts de toute ma carrière. Huit rappels. Vous imaginez ! Tout ça à cause d'une seule minute de silence. Voyez-vous, Louison, et je ne suis pas le seul à le dire, bien d'autres avant moi l'ont proclamé, même le silence est une musique. Écoutez-le. Enivrez-vous.

Combien de temps sommes-nous restés là, dans ce halo de lumière, Louison et moi ? Je l'ignore. Une durée que je ne pourrais mesurer avec exactitude. Une demi-heure, une année, une existence entière s'écoule à regarder la scène où je me trouve, le parterre devant lequel je suis installé, la corbeille, le balcon, cette salle qui n'a pourtant plus aucun secret pour moi.

— Ne voulez-vous pas rentrer pour vous reposer un moment, avant le concert, Maestro ? Cette soirée risque d'être épuisante pour vous, chargée d'émotions.

— Elle le sera assurément, Mademoiselle. Elle le sera. La journée l'est déjà. Il y aura beaucoup de monde ?

— Tout a été vendu. Les billets se sont envolés en moins d'une heure. Si vous aviez accepté, nous avions de quoi ajouter un deuxième concert demain.

— Non ! Comme ça, c'est très bien. Sinon, j'aurais dû me ménager. Et je n'aime pas me ménager dans un concert… Je n'ai plus l'âge pour donner deux concerts de cette envergure deux soirs de suite.

Nous demeurons quelques instants immobiles, puis Louison se lève.

— Je vais vous laisser à vos méditations, Maestro. Je dois rencontrer le régisseur pour m'assurer qu'il ne manque rien. Je tiens à ce que cette soirée soit parfaite.

— Elle le sera, ma chère.

— Avez-vous besoin de quelque chose ? Une collation, un breuvage ?

— Non ! Je vous remercie. Je mange très peu avant un concert. Quant à ce qui pourrait me manquer vraiment, vous ne sauriez me le donner. Alors...

— Frédéric vous manque n'est-ce pas ?

— Oui ! IL me manque en effet ! Terriblement, douloureusement ! Aujourd'hui, je peux le dire : qu'aurait été cette vie si je ne L'avais pas croisé sur mon chemin, LUI ! Je suis certain que je n'aurais pu faire la carrière que j'ai faite sans sa présence. La musique ne me suffisait pas. Toute grande et sublime et puissante qu'elle soit, la musique ne peut à elle seule remplir toute une vie. En tout cas, pas la mienne. Une piscine pleine d'eau reste une piscine vide s'il n'y a pas quelqu'un avec vous pour s'y baigner. Non ? ... C'est pour LUI que j'ai joué durant toute ma longue carrière et c'est encore pour LUI que je jouerai ce soir. IL ne sera pas présent. IL ne le fut pas non plus à mon premier concert. Alors, peut-être était-il écrit qu'il serait aussi absent à mon dernier. Sans doute fallait-il que tout se termine comme tout avait commencé.

Premier mouvement
(Allegro ma non troppo)

6

Je suis laid

Soixante-cinq ans plus tôt

JE LE DIS TOUT DE GO : JE SUIS LAID. IL N'Y A RIEN DE BEAU SUR MA PERSONNE. J'ai le torse trop développé pour mon âge, un torse au bas duquel pendillent deux jambes courtes et si arquées qu'on croirait que j'ai passé ma vie sur un cheval. Mes pieds, mes mains, ça peut toujours aller. Mes mains surtout, grandes quelles sont, avec des doigts allongés, minces, presque délicats. Oui, c'est vrai ! Mes mains sont belles. On ne verrait qu'elles qu'on se dirait : « Tiens ! Voilà une *jolie personne.* » Peut-être est-ce la raison pour laquelle j'aime tant me laver les mains, pour qu'elles soient propres à n'importe quelle heure du jour, avec des ongles impeccablement taillés sans noircissure et pour qu'elles sentent bon.

J'accorde une très grande importance à mon hygiène corporelle et à l'odeur que je dégage. Je veux qu'on puisse au moins dire de moi, à défaut que je sois beau, « Tiens ! Voilà un garçon soigné qui sent très bon. » Le seul problème avec mes mains, c'est qu'elles émergent de deux longs bras déglingués et disgracieux. Alors, je me déplace presque toujours les bras croisés, les deux mains posées sur mes deux avant-bras pour qu'elles attirent vers elles le regard des autres et les dispensent de s'attarder sur le reste de mon anatomie. Cela a pour malheureuse conséquence de me donner un air hautain et dédaigneux. Cette manière de déambuler, le corps roide, les bras croisés, les yeux portant droit devant moi, sans fixer qui que ce soit, dégage la désagréable impression que je ne désire entretenir de relation avec personne. Ce qui est tout à fait exact.

Bien sûr, je pourrais marcher de façon plus décontractée, les mains dans les poches, en saluant les gens, en souriant, comme le fait tout un chacun. Mais si vous saviez combien le regard des autres peut parfois être cruel ! Alors, je fais la tortue. Je me déplace en sortant de ma carapace les seules parties essentielles à la locomotion, camouflant le reste. Une proie aussi fragile que moi se doit de se protéger de tous ces prédateurs qui me fusillent de leurs paroles et de leurs regards moqueurs.

Et s'il n'y avait que ce torse grandiloquent, ces deux jambes arquées et ces grands bras déglingués qui traînent le long des coutures de mon pantalon, ça pourrait toujours aller. Mais il y a cette tête perchée tout en haut. Pas difforme ni particulièrement affreuse, non! Une tête simplement laide, en forme de poire inversée avec, comme cou, ce pédoncule maigrichon qui rattache le tout au creux des épaules, un cou ridiculement long et fin qui vacille sous le menton. On le dirait incapable de soutenir cette protubérance en équilibre plus ou moins stable au sommet de ce corps infâme. Alors, du coup, j'ai la tête qui ondule comme si la moindre brise parvenait à la secouer. Le masque, quant à lui, je veux parler des yeux et du nez, est conforme aux standards humains, ce qu'on ne peut dire de mes oreilles décollées, de ma bouche trop grande et de la proéminence de mon menton.

Bref, ainsi que je vous l'ai dit, je suis laid. J'ai de jolies mains, je sens bon, mais le reste de mon corps a tout d'un crapaud, et je passe pour un prétentieux et un arrogant.

Je suis pourtant né dans une famille de gens très beaux. Mon père et ma mère, mon frère, ma sœur, mes oncles et mes tantes, mes cousins et cousines ont tous des visages magnifiques et des silhouettes agréables. Sauf, peut-être, tante Angélique qui aurait tendance à déborder d'un corps beaucoup trop petit pour elle. Une barrique! Mais, même là, elle a un très doux visage et un sourire à vous décrocher les étoiles du ciel. Tenez encore ! Prenez mon frère Edmond ; il est si séduisant qu'il aurait pu servir de modèle pour l'Apollon du Belvédère, réputé représenter les canons de la beauté chez l'homme. Et ma sœur Carmen est l'image même de la princesse Blanche-Neige ; un visage, un corps, une poitrine à se mettre à genoux devant. Et, comme moi, ils sentent bon et ils ont tous des mains sublimes.

Moi, je suis le cygne noir de l'histoire. Heureusement, je suis le plus doué de la famille, côté musical. Remarquez, ça ne me console de rien. D'autant plus que le destin nous a affublés d'un nom ridiculement approprié à l'image que je projette : les Moshar. Vous avez bien lu, Moshar[2] !

C'est bien sous cet affreux patronyme que se regroupent toutes les générations qui nous ont précédés sans qu'il ne vienne à aucun de mes ancêtres l'idée d'en changer. Remarquez, s'ils étaient beaux de père en fils depuis des siècles, comme c'est le cas avec la génération actuelle (sauf, pour moi, mais bon ! N'insistons pas) ça ne devait pas tellement les ébranler.

Quant à moi, je m'appelle Mathurin-François-Ferdinand Moshar. Bien sûr, j'ai vite fait

---

2 Moshar : *Comme mochard, adj. qua. Se dit de ce qui est moche, laid, ridicule.*

de balancer le Mathurin et le Ferdinand et je m'en tiens à François. François, ce n'est pas mal ! Dommage qu'il doive s'accompagner de Moshar.

Oh ! je ne vous ai pas dit. J'ai seize ans et je suis un prodige du piano. Je viens de terminer ma deuxième tournée de concerts en Europe et aux États-Unis. Ça s'est achevé par un triomphal passage au Carnegie Hall où j'ai, dit-on, magistralement livré le terrifiant *Rondo Fantastique* de Franz Liszt considéré comme l'œuvre la plus difficile de tout le répertoire pianistique. De nombreux concertistes se sont cassé les dents dessus. Moi, j'ai établi ma réputation sur cette exécution.

Remarquez, dans la famille, je ne suis pas une exception, côté musical. Nous sommes tous des virtuoses. Mon frère est premier violon de l'orchestre du Centre national des Arts d'Ottawa et il n'a que vingt-quatre ans. Ma sœur est violoncelliste à l'Orchestre symphonique de Montréal. Mon père et ma mère sont des violonistes concertistes de très belle renommée. Sans doute mon grand-père est-il le plus célèbre de nous tous, étant chef émérite du Metropolitan Philarmonic de New York, du Berlin Philarmonic et du Symphonica de Madrid. Vous voyez le genre !

Alors, résumons : je sens bon, j'ai un patronyme de merde, ma famille jouit d'un standard de vie des plus confortables et d'une réputation musicale tout à fait enviable. Je suis moi-même célébré dans toutes les capitales du monde et probablement est-ce la raison pour laquelle on me laisse en paix à l'école et que les professeurs me chouchoutent.

Mais à tout ça, il y a un bémol, un seul : je suis laid ! Et à seize ans, en pleine adolescence, c'est d'un poids qui compte, une charge qui vous broie comme blé en farine. Peut-être qu'une fois parvenu à l'âge adulte, s'y habitue-t-on ou peut-être la célébrité supplée-t-elle aux aléas de l'inélégance ? Je ne sais pas. La musique, dit-on, rend beau. La musique séduit, la musique sublime toute chose et rien ne lui résiste. L'interprète le plus moche devient superbe !

Tout ça, c'est peut-être vrai, je l'ignore, mais à quatorze, quinze, seize ans, on ne possède pas la maturité, la permanence des sentiments, l'indulgence face à la vie pour en accepter les contrariétés. On vit à fleur de peau. Il n'y a ni passé ni avenir, qu'un présent qui bouffe tout. Chaque geste, chaque regard, chaque parole qui nous parviennent ou qui nous atteignent sont démultipliés, analysés, décortiqués, catégorisés. On rit ou on pleure pour un rien. On s'élève en ballon pour un sourire, on s'abîme tel un navire en plein naufrage par mer calme à la moindre désobligeance murmurée.

Alors, il a bien fallu que je me protège d'une manière ou d'une autre. C'est ainsi que s'est construit le premier de mes trois murs qui m'ont isolé du reste du monde pendant de très nombreuses années. Car être laid est une calamité. Et la célébrité, les applaudissements, les vivats et les bravos ne tiennent plus. La notoriété, ça n'occupe l'esprit que durant quelques jours, ensuite on se retrouve tout seul devant son miroir avec toujours cette même tronche qui vous accueille chaque matin avec un bouton de plus sur la joue, ou le menton ou sur l'aile du nez. Tout petit qu'il est et tout rose, mais on ne voit que lui. Et derrière ce bouton, cette pustule, cet Everest, ce Fuji-Yama qui vous défigure, il y a cette gueule qui ne change pas et qu'on va devoir exposer aux regards des autres pendant une dizaine d'heures chaque jour de sa vie.

7

Les Pèpis

Dix heures, c'est le temps que je passe à l'école. De neuf heures du matin à dix-neuf heures le soir, chaque jour. Dix heures dont la moitié est consacrée à mes leçons de piano. Des gammes à n'en plus finir, des exercices d'étirement et d'assouplissement des doigts, des pratiques de croisement de mains, des trilles, des arpèges et des enchaînements à des vitesses de plus en plus rapides avec des cadences, des tempos, des ruptures, des lamentos. Les exercices de Czerny me sont toujours nécessaires, car mes mains n'ont pas encore atteint leur taille définitive. Alors, il faut les soumettre. Aussi, pour le faire, je reviens à ce brave Czerny environ une heure par jour. Et puis, en fonction de l'une des pièces que je dois jouer, on précise les exercices, de la main droite ou de la gauche selon celle qui sera le plus sollicitée durant l'exécution.

Cela peut paraître rébarbatif et ennuyeux, mais ça ne l'est pas. Le piano fait la moitié de ma vie, une moitié que je passe seul, en tête à tête, j'ajouterais sous la protection de mon instrument et de celle de mon maître, maestro Alfredo Menaldi, un homme patient, aimable, exigeant et attentif à mes besoins. En vérité, le piano est le second mur qui m'isole des autres. Un mur épais, inamovible qui bouffe la moitié de mon existence humaine.

L'autre moitié se passe ailleurs, dans les salles de cours de la polyvalente de Chambéry à terminer ma quatrième année du secondaire comme tout un chacun : maths que j'adore, français, chimie et biologie que j'aime bien, anglais que j'abomine, géographie qui m'ennuie, histoire que je déteste. Leçons, récitations, devoirs, travaux pratiques. Une corvée !

Fréquenter la partie commune de mon école est pour moi un moment pour le moins désagréable. Du fait de ma laideur, être en présence de la communauté humaine est très intimidant, voire menaçant. Je me suis prémuni contre ce handicap en élevant le premier de mes trois murs, comme je crois l'avoir déjà expliqué.

Chambéry est une institution d'enseignement publique qui a ceci de particulier que s'y greffe une aile légèrement en retrait exclusivement dédiée à la musique. Le violon et le piano pour l'essentiel. Trente étudiants de partout dans la province et autant de professeurs de très haut calibre, venus des quatre coins du monde, des maîtres dans leur domaine. Il y a aussi la section orchestrale, celle-ci est ouverte à tous les élèves de la polyvalente qui désirent vivre une expérience musicale moins approfondie. Une soixantaine de garçons et de filles s'y retrouvent sept heures par semaine pour parfaire leur formation selon le type d'instrument choisi, percussion, cuivre, bois ou cordes, et y préparer les concerts de Noël et de fin d'année.

On nous surnomme les «Pèpis», croyant nous ébranler par ce terme aux accents vaguement sarcastiques. Ce sobriquet nous vient du fait que l'école de musique est directement raccordée à l'amphithéâtre de la polyvalente. Une salle de mille deux cents places, aux fauteuils rembourrés et confortables et à l'acoustique remarquable, un lieu spécialement aménagé pour les concerts classiques et symphoniques. À elle seule, elle a coûté plus que tout le reste des bâtiments de la polyvalente et de l'école de musique réunies: plus de 60 millions dont la moitié a été assumée par un mécène, un milliardaire doublé d'un mélomane qui a fait sa fortune dans les mines de diamants et de nickel en Afrique du Sud. Son nom, **P**aul-**É**mile **P**atenaude, d'où l'acronyme PEP accolé à cette salle.

Remarquablement polyvalent - à l'exemple de l'institution qui l'abrite -, le PEP accueille tous les spectacles de tournée, théâtre, humoristes, chanteurs, concerts de toutes sortes qui parcourent la province. L'Orchestre symphonique de Montréal et l'Orchestre Métropolitain nous visitent régulièrement si bien que la région fait désormais partie des lieux incontournables qui figurent aux itinéraires suivis par tous les grands artistes qui font tournée. À ce titre, le PEP joue un rôle primordial dans notre environnement culturel. Sans la présence de cette institution de calibre international, toute la région continuerait à crouler sous une existence étriquée et fruste comme ce fut longtemps le cas. Alors, à mesure que s'est affirmé le prestige de cette salle de spectacle, le mot *Pèpi,* qui nous a été attribué au départ fort malicieusement, est devenu notre identité. Ce nom nous singularise. Être un *Pèpi* est désormais une marque de distinction que chacun porte avec fierté... Tous, sauf moi !

Oui, sauf moi ! Il y a des moments où j'aspire à une vie plus anonyme, plus discrète. Ce que j'aimerais en fait, c'est de n'être pas si laid, d'être regardable simplement, normal, quoi ! Bref ne pas devoir me protéger derrière ce premier mur si désagréable à entretenir, mais si indispensable à ma tranquillité.

Mais il y a un second rempart qui s'est lentement constitué autour de moi et dont je ne suis pas tout à fait responsable. Il concerne mon genre de vie, si je peux m'exprimer ainsi.

D'être considéré comme un jeune prodige du piano a ses inconvénients. Tout mon temps est consacré à la musique et aux études. Mes étés, je les passe dans les différentes capitales du monde à donner des concerts. Les neuf autres mois s'écoulent à perfectionner ma technique pianistique et à travailler les œuvres que j'ajouterai à mon répertoire ou que je jouerai lors d'un concert à venir. Le peu d'heures qu'il me reste je les dédie à mes cours réguliers de français, maths, chimie, géographie, histoire, biologie.

Cette réalité bien particulière me confine à une existence de reclus, à une vie quasi monastique qui me coupe de l'univers bigarré des jeunes de mon âge. Cela devient parfois d'une lourdeur insupportable. Bien sûr, me direz-vous, je pourrais renoncer à ma carrière de pianiste classique. Mais comment renier un amour si profond qui me lie à cet instrument? Comment pourrais-je conjurer le sort de cette part de moi-même qui m'a fait tel que je suis. J'aime le piano et le piano m'aime.

Pourtant, il m'arrive, je l'avoue, d'espérer une vie qui soit différente de celle que je mène en ce moment. Je souhaiterais être un autre, ne pas avoir à supporter le poids de cette calamiteuse existence toute faite de sacrifices et de renoncements.

Je voudrais respirer librement, sentir le soleil sur ma peau, la neige et le froid sur mon visage. J'aspire à ne plus toujours connaître cette nécessité de protéger mes mains de tous les dangers qui les guettent au point que je refuse une poignée de main aux personnes que je ne connais pas et qui sont étrangères au monde de la musique.

J'aurais parfois envie de tenir un bâton de hockey, un bâton de baseball, un ballon de foot. J'aimerais escalader des pans de montagnes, pagayer en eau vive, grimper aux arbres. Avoir plus de temps pour moi. Je souhaiterais passer mes journées à rigoler avec les copains et consacrer mes fins de semaine à faire les quatre cents coups, jouer au basket, au soccer ou à simplement me promener à vélo ou en skidoo, faire la fête et avoir une petite amie.

Il y a des jours, oui, je le dis sans rougir, où le piano me fait horreur. Ma laideur et le piano me font horreur ! Ce sont des murs qui m'isolent des autres, qui font de mon existence une succession de moments de grâce très courts, des moments qui me procurent certes des montées vertigineuses de bonheur quand un tonnerre d'applaudissements éclate pour saluer ma performance devant des auditoires subjugués. Tout cela est enivrant, j'en conviens. Mais ce sont des instants fugitifs qui sont inexorablement suivis de descentes aux enfers bien plus longues et de périodes de solitude interminables et oppressantes.

8

Ce cher Cyrano

Je dois vous parler du troisième mur. C'est le plus le plus haut, le plus intransigeant, le plus effroyable, le plus étourdissant des trois murs qui se dressent autour de moi. C'est aussi celui que j'ai mis le plus de soin à construire.

J'ai mentionné dans le chapitre précédent que j'aimerais *avoir une petite amie*. C'est ce qu'on doit dire bien sûr. Je suis un garçon, il est donc *normal* que je veuille avoir *une petite amie*. Normal ! Oui, normal ! On sait tous qu'un garçon aime en général une fille, et une fille aime en général un garçon. Mais moi, j'aime les garçons. Je suis attiré par eux, je me confonds avec eux, je m'identifie à eux. Et même le mot « *eux* » n'est pas exact. Je devrais plutôt dire LUI. Je ne pense qu'à LUI, je ne vois que LUI, je ne désire que LUI. Ce n'est même pas une question de sexe. Oui, bon, c'est une question de sexe comme quand on vous demande, sur la carte de déclaration des douanes, de quel sexe vous êtes H ou F. Alors oui, en ce sens, c'est une question de sexe, car LUI, assurément, c'est un garçon, pas une fille.

Mais qui est-il, LUI ? vous demandez-vous peut-être. Eh bien, pour obtenir une réponse à votre question, il est nécessaire que je vous parle de *Cyrano de Bergerac*. Le Cyrano en question est un écrivain du XVIIe siècle qui a réellement existé, mais c'est surtout le personnage qui donne son titre à une des pièces de théâtre les plus connues et les plus jouées du répertoire classique français. Dans la réalité et plus encore dans la pièce de Rostand, l'homme est affublé d'un nez qui le défigure. Il est réputé pour sa laideur. Comme moi, dirons-nous. Sauf que moi, ce n'est pas une question de nez ! Mais basta, passons ! Il était donc tout à fait naturel que je m'identifie en tout et en partie à ce personnage torturé.

Je ne me lasse pas de regarder le film qu'on en a fait avec Gérard Depardieu (avant qu'il ne devienne ce gros homme flasque et rebutant). Au premier acte de la pièce, et dans le film aussi, le personnage déclare ceci à son ami qui lui demande qui donc il aime :

« Qui j'aime ? ... Réfléchis, voyons ! Il m'interdit

Le rêve d'être aimé même par une laide,
Ce nez qui d'un quart d'heure en tout lieu me précède.
Alors, moi, j'aime qui ? ... Mais cela va de soi !
J'aime, mais c'est forcé ! ... la plus belle qui soit ! »

Ne sont-ils pas sublimes, ces cinq vers ? Sublimes d'arrogance, d'audace, de défi à la nature des choses ! Un véritable pied de nez au destin sans vouloir faire de jeu de mots !

Il en est de même pour moi qui suis tout aussi laid que notre cher Cyrano. Je ne puis être amoureux d'aucun autre que du plus beau, du plus désirable des garçons de cette école. Mais qui est-ce ? insistez-vous. Que vous importe qui il est, puisque vous ne le connaissez pas ? Et puis, soyons clairs, à l'exemple de Cyrano, cet amour est sans espoir. Aussi est-il d'une pureté absolue. Ma dépendance ne se laisse distraire par aucun autre désir que celui de l'aimer.

Ne pouvant être aimé de LUI, je ne peux que l'aimer davantage. Je veux dire que la sexualité en étant exclue, toutes les autres composantes de l'amour ont pu prendre leur envol et s'épanouir en toute liberté : l'attachement, l'émerveillement, la vénération, le respect, la discrétion, la passion muette, l'espérance, mais aussi la peur du ridicule, la tristesse, la jalousie.

Une chose est toutefois certaine, c'est que le sentiment qui me rattache à LUI est bien plus grand, bien plus sublime qu'un simple désir charnel ou qu'une banale tocade d'adolescent. Ce sentiment pourrait se résumer par cette courte formule, « **JE** aime **LUI** ». LUI tout entier. LUI son visage, LUI son sourire, LUI son corps, LUI son âme, LUI ses mains, LUI loin de moi, mais en moi, LUI tout entier et pour toujours avec MOI. Car je ne peux imaginer ma vie sans LUI.

Mais voilà ! Il est beau et je suis laid. Il aime le hockey et moi le piano. Nous fréquentons le même univers, mais nous appartenons à deux mondes différents. Il est entouré de filles et de copains, et moi je suis seul. Il est le SOLEIL, je suis la LUNE. Il fréquente la polyvalente, moi l'école de musique. Il commence à huit heures le matin, moi à neuf heures. Il termine à trois heures trente, moi à dix-neuf heures. Il prend l'autobus scolaire, moi, c'est mon père ou ma mère qui me conduit matin et soir.

Voilà le troisième mur : je suis amoureux, et je suis GAI, mais ce n'est pas gai d'être GAI à seize ans surtout quand on aime un garçon, un seul, et qu'il ne vous aime pas en retour, qui ne vous regarde pas, qui ne sait même pas que vous existez. J'ai seize ans, et voilà déjà deux ans que je suis amoureux de LUI.

9

Les contours de l'âme

TOUT ME SÉPARE DE LUI. LE PREMIER MUR, MA LAIDEUR, SA BEAUTÉ ; le deuxième mur, les mondes que nous fréquentons et auxquels il nous faut ajouter des horaires discordants et des moyens de transport qui nous distinguent. Ce second mur est franchissable, car rien ne m'interdit en principe d'arriver une heure plus tôt à la Polyvalente en utilisant le bus scolaire. Mais rien ne me dit que ce serait le même que celui qu'IL emprunte. Tout dépend de l'endroit où chacun demeure et des caprices des itinéraires imposés à chaque autobus dans sa tournée de ramassage. Bien sûr, on pourrait se croiser lors des entrées. Mais là encore, rien ne le garantit. Mais en admettant que tout s'arrime parfaitement, que nous partagions le même autobus, que nous soyons assis sur la même banquette et que nous nous croisions lors des débarquements et lors des entrées à la poly, il y a le premier mur : ma laideur repoussante. Qui, à seize ans, a envie d'entretenir des relations amicales ou ne serait-ce qu'une simple camaraderie avec un laideron, un pou, un crapaud dans mon genre ? Personne ! Même moi qui suis laid je ne suis attiré que par de belles personnes. Voilà bien la preuve, si tant est qu'il en faut une, que cette sublime étoile au firmament de la beauté m'est inaccessible. Mon amour, mon attirance ou mon attachement très particulier pour LUI, appelez ça comme vous voudrez, est de par sa nature même impossible !

Et même s'IL possédait cette générosité suprême d'être capable de dépasser les critères qui gouvernent les relations entre beauté et laideur pour ne s'occuper que des contours de l'âme ou des richesses de l'esprit, il y aurait quand même ce TROISIÈME MUR : notre orientation sexuelle. Il est hétéro et je suis homo. Ce troisième mur, lui, est infranchissable.

10

Un livre en équilibre instable

MARDI, 13 HEURES, LA CLOCHE DE LA REPRISE DES COURS VIENT DE SONNER. IL Y A UN HAUT-LE-CŒUR DANS TOUTE LA CAFÉTÉRIA. Les corps amortis des élèves s'arrachent des banquettes dans un fond sonore lugubre. Blablablablablabla... Les discussions continuent dans les corridors et les escaliers. Blablablalbla !

Comme d'habitude, j'ai mangé seul à ma table. Personne ne s'y assoit jamais en ma présence comme si j'étais atteint d'une maladie transmissible par l'air que j'expire. Ou peut-être est-ce parce que je ne cesse jamais de pianoter d'une main puis de l'autre ou des deux selon la partition que j'ai d'ouverte devant moi sur la table. Sans doute, ne veut-on pas me distraire de mon travail, ou peut-être me prend-on pour un déséquilibré qu'il vaut mieux éviter, ce qui m'apparaît être la raison la plus vraisemblable. Mais au moins, j'ai la paix. Je n'ai pas à endurer les conversations insipides des autres.

Et puis, ça me laisse tout le loisir d'admirer la seule personne au monde qui présente de l'intérêt à mes yeux. Comme à son habitude, IL est installé à la troisième table, nécessairement sur ma droite, puisque, sur ma gauche, c'est le mur aveugle de la cafétéria. IL rit. IL est encore plus beau quand IL ne rit pas, mais IL rit. Il y a près de LUI des garçons et des filles qui se chamaillent et qui rient aussi. Étonnant qu'on puisse rire autant pour un foulard qu'on se passe de l'un à l'autre au détriment d'une blondinette qui gesticule pour le rattraper. C'est LUI qui l'a arraché des mains de son camarade de droite pour le remettre à la fille qui ne riait plus.

À ce moment, son regard a croisé le mien. Dans la position qu'il occupe à la table, personne ne peut LE voir m'observer comme IL le fait, avec insistance. IL ne sourit plus. IL a la tête légèrement penchée sur sa droite, appuyée sur sa main. Ses cheveux mi-longs, bouclés, L'auréolent comme si un halo de lumière L'isolait du reste du monde. Il se dégage, de ce regard, une douceur infinie. Un demi-sourire arque ses lèvres pulpeuses et roses.

Un moment, j'ai cru qu'IL avait posé son doigt sur sa bouche comme s'IL me disait:

« Chut ! Ne dis rien ! Laisse-moi simplement te regarder ! » J'ai eu l'audace de soutenir son regard. IL ne s'est pas détourné.

Puis la cloche a sonné la fin du dîner. Elle m'a rappelé l'outrecuidance de cet instant. J'ai osé LE regarder, LUI, dans les yeux. J'ai rougi violemment, et j'ai vivement détourné la tête. Je me suis remis bêtement à l'étude de ma partition, l'esprit enfiévré par mon audace et par la honte, jusqu'à ce que la cafétéria soit vide. Je suis la victime innocente d'une violente et douloureuse érection.

11

Un mouchoir de poche

QUAND LA CLOCHE A SONNÉ, LA CAFÉTÉRIA S'EST VIDÉE EN MOINS D'UNE MINUTE. Je m'y attarde un peu plus longtemps en raison du malaise que me cause le renflement de mon pantalon juste sous la ceinture. Il m'aura fallu faire des efforts de concentration de haute voltige pour me libérer de cette bandaison inavouable. Et même là ! Quand je me lève pour quitter à mon tour la grande salle, tout est encore apparent et il me faudra me rendre aux toilettes pour mettre un terme à ce bombement tout à fait inapproprié.

En sortant du cabinet, je me suis aspergé le visage avec de l'eau froide, j'ai rétabli ma tenue pour la rendre plus présentable, vérifié que rien ne se voyait. Ensuite, je me suis soigneusement lavé les mains, nettoyé le dessous des ongles, je me suis aussi assuré qu'elles sentaient bon. J'ai sorti le petit échantillon de parfum que je traîne sur moi en permanence et je me suis aspergé la paume des mains. Voilà ! Parfait ! Je suis sorti des toilettes et me suis dirigé vers le grand escalier.

C'est mon cours de maths, local 308, monsieur Dupré. Ennuyeux comme la pluie même par beau temps, imaginez aujourd'hui alors qu'il pleut. Une sonate d'Éric Satie, en comparaison, est un modèle de rythme, d'énergie et de bonne humeur. Moi qui adore pourtant les maths, cet homme parvient à m'endormir aussi sûrement que si j'avais avalé un flacon de somnifères.

Dans l'escalier, plein de gens, plein de bruit, j'ai pris mon courage à deux mains. J'ai mis mon sac en bandoulière. Je me colle contre la rampe de gauche, celle qui longe le mur, les bras croisés, les mains bien visibles posées sur mes avant-bras, posture droite, regard impassible, tête haute. Une grande respiration. Je dépose le pied sur la première marche et j'entreprends la montée à pas mesurés, ni vite ni lentement, avec la dignité d'un grand seigneur, sans regarder personne comme c'est mon habitude.

Tout le monde me dépasse par la droite, escaladant la volée de marches deux par deux pour ne pas se mettre en retard. Quel manque d'élégance que cette agitation ! Moi, je monte comme si j'accompagnais la Marche funèbre de Chopin avec grâce. *Ta Tam tatam taatatam tatam tatam,* une tierce plus haute, *Ta tam tatam taatatam tatam* , deux tierces plus bas, *Ta tam taatatam tatatam tatam tatam...* Sublime!

Et voilà, j'ai atteint le palier en me distinguant de tous les autres par la maîtrise de mes gestes et ma discrétion. Je n'ai vu aucun regard se poser sur moi. J'ai fait une dizaine de pas et là, sans que je ne sache trop pourquoi, la courroie de mon sac s'est défaite. Mon sac est tombé sur le terrazzo en faisant un boucan de tous les diables et en répandant son contenu un peu partout autour de moi. Tout le monde s'est retourné pour connaître l'origine de l'explosion qui vient d'ébranler les colonnes du temple. Je suis rouge de honte. Je n'ose pas bouger alors que les autres me regardent en rigolant comme s'il y avait quelque chose de drôle dans le fait d'échapper son sac par terre. Les imbéciles!

Je me penche et je ramasse mes crayons, mes cahiers, mon livre de maths, mes partitions, mon métronome, mon coffret d'instruments de géométrie, ma calculatrice, mon agenda. Je le fais sans me presser en y mettant du style. Ne jamais se presser surtout quand on a l'air idiot. Montrer qu'on survole tout ça, qu'on est au-dessus des contingences de la vie. Même si, pour l'instant, je me sens en dessous de tout, même si j'ai le cœur qui me débat, il faut faire comme si rien n'était. L'apparence des choses est plus importante que les choses elles-mêmes. Si Dieu n'existe pas, on l'invente. Si on a chaud à fondre comme un rond de beurre dans une poêle, on grelote. Si on a froid, on sort son mouchoir et on s'essuie le front. Être plus que l'instant. Contrôler ! Se contrôler ! Ne pas sourire quand on nous remet un prix d'excellence, ne pas grimacer quand on a mal, ne pas trembler quand on a peur. Contrôler ! Contrôler ! Et se relever ! Replacer la bretelle de mon sac. Ne peut pas. La courroie ne s'est pas défaite, elle est brisée. Tant pis. On installe le sac sous son bras. Voilà. Comme ça. On reprend une posture digne et on avance sans regarder ni à droite ni à gauche. Ne pas s'intéresser à ce qu'on dit quand on passe devant un groupe d'élèves qui vous dévisage. Si on se moque, feindre de ne rien entendre. Marcher droit, bras croisés et mains exposées comme des trophées sur les avant-bras. Les autres n'existent pas. Si on te tape dans le dos, comme cet imbécile le fait en ce moment, on ne réagit pas. Faire comme s'il n'existait pas. Il n'y a personne qui me tape dans le dos. Il va se fatiguer avant moi et je n'aurai pas à supporter sa présence, son petit rire narquois, sa conversation ou ses questions idiotes.

Le local de maths est encore à quatre cent trois mille sept cent vingt kilomètres d'ici, soit la distance de la Terre à la Lune sur son axe maximum. Et l'autre derrière qui n'arrête pas avec ses « *Hé ! Hé ! Attends !* » et avec ses petites tapes dans le dos. Si tu te retournes, tu lui flanques ton poing au visage... Et du coup, tu risques de te blesser à la main - des mains que tes parents ont assurées pour une fortune, car elles sont indispensables à ton art - ou plus probablement c'est toi qui vas recevoir une solide dégelée et perdre quelques dents avant même que tu n'aies eu le temps de réagir. Sans compter que tu vas très certainement échapper à nouveau ton sac qui est en équilibre instable sous ton bras. Aussi, relaxe ! Respire par le nez !

Une seule chose à faire, t'arrêter stoïquement, le laisser passer, supporter qu'il te lance une de ses idiotes reparties pour faire rire à tes dépens les autres qui suivent derrière – mais ça, tu en as l'habitude, non ? – puis reprendre dignement ton pèlerinage jusqu'au local de maths.

Je me suis donc arrêté. Les tapes dans le dos aussi se sont arrêtées. Le gars m'a dépassé, s'est retourné et... et... eh bien ! Voilà ! Ça ne s'est pas du tout passé comme je l'espérais. La vie prend parfois de ces raccourcis qui vous laissent pantois d'hébétude. On perd pour un temps tout contact avec la réalité. Car celui qui est là devant moi, qui me tambourinait sur le dos avec ses petites tapes, celui qui me mur-

murait « *Hé ! Hé ! Attends !* » c'est LUI ! LUI ! Et IL est tout seul. Personne ! Ni devant ni derrière ! Juste LUI avec un livre dans les mains.

— Eh bien ! François ! qu'il dit en me dévisageant avec douceur, il t'en faut du temps pour répondre au monde ! Dans la lune comme toujours ?

IL a parlé de la lune et il a dit François ! Pas Moshar ! Il a dit François ! Et il a parlé de la lune en prononçant mon prénom. LUI connaît mon prénom. Comment peut-IL connaître mon prénom alors que je ne connais même pas le sien ni même son nom de famille ? LUI ne peut pas connaître mon prénom ! Ça ne se fait pas, des choses comme ça ! IL est si beau, là devant moi, avec un livre dans les mains. Je regarde ses mains. De belles mains, longues, propres qui sentent bon. Et des yeux, un regard ! Une statue de Praxitèle ! Ou le *David* de Michel-Ange, ou le *Jeune homme endormi* de je ne sais plus qui. LUI !

— Tiens ! Tu as oublié ton livre de grammaire française, qu'IL ajoute dans un sourire qu'on dirait des étoiles qui lui sortent de la bouche entre chacun des mots qu'il prononce.

Je ne peux m'empêcher de le regarder droit dans les yeux. Je tends la main pour saisir le bouquin qu'il me tend. J'ai oublié mon sac sous mon bras. Il a de nouveau dégringolé sur le plancher.

IL s'est penché. IL est là, LUI, à mes pieds. IL est à mes pieds en train de ramasser mes affaires. Je suis complètement paralysé, médusé par le renversement des rôles. Penché comme ça devant moi, accroupi, à quatre pattes, à cueillir les crayons comme on cueille des fleurs. Mon Dieu qu'IL est beau, sublime, magnifique ! Plus grand que moi d'une tête. De belles épaules larges, une chevelure comme celle des anges.

Je sors brusquement de ma torpeur. Je ne vais quand même pas LE laisser s'humilier à ramasser mes effets scolaires. Pas LUI. C'est moi qui devrais faire ça pour LUI. Pas LUI pour moi, moi pour LUI. Alors, je me penche juste au moment où IL se relève. Sa tête, sa superbe tête, sa magnifique tête me heurte le nez. Je me mets à saigner abondamment.

— Oh mon dieu ! qu'IL a dit.

IL a dit « Oh ! Mon Dieu ! » Pour s'excuser, il a répété trois fois « Oh ! Mon Dieu ! » De mon sang a sali sa belle chevelure. Je l'ai taché de mon sang.

— Je suis si maladroit ! que j'ai dit pour m'excuser à mon tour.

IL a dit : « Non, non ! C'est moi. Tiens ! Prends mon mouchoir. »

IL m'a tendu un mouchoir tiré de sa poche. Mais par tous les saints du ciel, qui donc, aujourd'hui, se promène encore avec un mouchoir de coton blanc, propre et bien plié dans sa poche ? Personne ! LUI en avait un. Et IL me l'a donné pour que je m'éponge le nez qui dégouline de sang.

IL m'a ensuite conduit à l'infirmerie. « Je te laisse François ! qu'IL a dit en quittant l'infirmerie. Je me rends à notre cours de maths. J'informerai le prof de ce qui s'est passé.

Je vais prendre des notes pour toi aussi. Et demain, je t'expliquerai ce qu'on a vu, si tu le souhaites. » J'ai dit « Oui ! Merci ! » Et IL est parti. J'avais oublié que nous étions dans le même cours de maths. Le monde est bien petit, non ?

12

Comme un singe en cage

DEUX SEMAINES SE SONT ÉCOULÉES DEPUIS L'INCIDENT DU NEZ. JE MANGE DANS LA PETITE SALLE DE L'ÉCOLE DE MUSIQUE DEPUIS CE TEMPS. Déjà, je n'étais pas beau à regarder, mais, maintenant, avec ce nez comme un ballon de foot, je suis tous simplement monstrueux. Le bleu, sous l'œil gauche, n'aide pas non plus.

Je me suis rendu à mes cours du côté régulier, mais j'ai évité tout contact avec LUI. IL m'a envoyé un salut de la main lors du cours de maths suivant. Je ne lui ai pas répondu. Je ne LE quitte pourtant pas des yeux. Je ne vois que LUI, mais avec tant de discrétion qu'il ne s'aperçoit de rien. Pas question que j'aille plus loin dans cette relation.

Pourquoi ? Vous me demandez pourquoi ?

Eh bien… À vrai dire, je ne sais pas pourquoi. Je ne rêve que de LUI depuis des mois. Et tout à coup, voilà que le ciel s'entrouvre, que le soleil apparaît et qu'IL tente (ici, je ne parle pas du soleil, bien sûr) d'établir un contact avec moi. Alors, je devrais saisir l'occasion. Je sais. Ça devrait me rendre fou de joie. Je sais. Mais ça ne me rend pas du tout fou de joie. Au contraire, je suis effrayé, non, pas effrayé, épouvanté à l'idée que LUI et moi puissions établir une relation quelconque. Il ne pourrait en résulter rien de bon ni pour LUI ni pour moi. Je sortirais détruit de cette aventure. Une relation entre LUI et moi, c'est comme vouloir faire entrer une cheville carrée dans un trou rond. Il vaut mieux laisser les choses en leur état. Nous ne nous sommes donc plus parlés, nous ne nous sommes plus croisés. J'ai fait en sorte que cela ne se produise pas.

Mon nez a repris sa forme normale, l'ecchymose sous l'œil s'est effacée. Maintenant, j'ai retrouvé ma laideur habituelle. Je me déplace toujours en exposant mes mains dans une posture roide et cet air distant qu'on qualifie de prétentieux. Ça les regarde. Ils peuvent penser ce qu'ils veulent. Moi, du moment que j'ai la paix, c'est tout ce que je demande.

Non ! Bien sûr, c'est faux ! La solitude me pèse. Je voudrais être beau, ou du moins, moins laid. Je voudrais avoir des amis, mener une vie plus ordinaire, ne pas être celui que je suis, finalement. Ne pas être troublé par les... garçons... par LUI ! Ne pas devoir me cacher comme ça derrière mes trois murs.

Depuis l'incident du nez, les choses n'ont fait qu'empirer. Je ne pense qu'à LUI, je ne rêve qu'à LUI. Je dois de plus en plus souvent avoir recours à certains expédients pour me libérer de certaines obsessions. Et je dois me laver les mains et me nettoyer les ongles de plus en plus souvent. Ça devient un brin excessif, si vous voulez mon avis. Ce n'est pas sain. Et ma qualité d'exécution sur le clavier s'en ressent. Il y a deux jours, maître Menaldi, qui est pourtant d'une patience et d'une gentillesse à toute épreuve a manifesté une certaine impatience.

— Que se passe-t-il, monsieur Moshar ? m'a-t-il lancé d'une voix irritée, mais sans débordement et sans même hausser le ton. Je ne cesse de vous reprendre, d'attirer votre attention sur des erreurs de base dépassées depuis bien longtemps. Vous manquez de concentration. Votre jeu est mou et relâché. Je vous rappelle, Monsieur Moshar, que nous préparons le Concours international de piano de Montréal. C'est l'un des plus prestigieux concours qui soient.

— Maître, me suis-je plaint, le concerto de Haydn, je le connais par cœur.

— Justement ! répond mon maître. Vous le connaissez par cœur. Le problème, c'est que vous le jouez aussi par cœur, sans y penser. Ça n'a pas d'âme. Vous ne transmettez aucune émotion.

— Je suis fatigué. Je donnerais ma main droite pour une fin de semaine de repos.

Il y a un long silence. Le maître approche sa chaise du banc que j'occupe devant le piano. Je regarde devant moi, bras ballants, les jambes repliées sous le banc.

— Je n'ai pas à vous rappeler combien la musique est un art exigeant. Le piano tout particulièrement.

— C'est pourtant ce que vous faites, non ? (Il sourit en écartant doucement les bras.) Mais vous avez raison... Vous n'avez pas à me le rappeler... Pourtant, il y a des jours où je souhaiterais être un jeune ordinaire, comme tous les autres. Il y a des jours où je souhaiterais que la musique ne fasse plus partie de ma vie. Être libre de faire ce que je veux, d'aller où je veux, avoir des copains, m'amuser.

— Mais vous n'êtes pas comme tous les autres jeunes, Monsieur Moshar. C'est une réalité à laquelle vous ne pouvez échapper. D'ailleurs, quand on y pense bien, croyez-vous vraiment que les autres jeunes de votre âge soient aussi libres que vous le croyez ? Qu'ils font ce qu'ils veulent ? Non ! Assurément non ! Ils ont aussi leurs obligations. Et sans doute plus nombreuses que vous ne pouvez l'imaginer. Elles sont moins nobles que les vôtres simplement.

— Maestro Menaldi, si je peux me permettre, et sans vouloir vous manquer de respect, vous êtes un affreux snob, que je lui réponds en laissant se dessiner sur mes lèvres un pâle sourire, le premier de la journée… J'ai parfois l'impression d'être un singe en cage.

— Un très beau singe ! déclare maestro Menaldi en laissant éclore un petit éclat de rire.

Mais un singe tout de même ! ai-je failli lui répondre. Je me suis retenu. Il voit que je ne réponds pas à son rire. Il reprend aussitôt son sérieux. Un silence de plusieurs secondes s'écoule sans que ni lui ni moi ne trouvions quoi que ce soit à dire.

— Et vous avez raison, je suis affreusement snob… Enfin, tant que ça ne fait de mal à personne… Le concours est dans trois mois et demi, reprend-il en se passant une main dans sa longue chevelure touffue. Nous pouvons nous permettre une petite récréation. Je crois, en effet que vous avez besoin de prendre congé de votre ami…

— Mon ami ? De qui parlez-vous ? ai-je vivement demandé.

Aurait-il deviné, par quelque hasard, les sentiments que j'entretiens à l'endroit de LUI. Ce serait bien de la sorcellerie qu'il s'en soit aperçu. Je n'ai jamais fait allusion à ce garçon en aucun moment. Mais qui sait ? Il se passe tant de choses bizarres entre un maître et son élève. Nous vivons, lui et moi, dans une telle communion d'âme qu'il pourrait bien avoir compris.

— Je parle de votre piano bien sûr ! N'est-il pas le meilleur ami du pianiste ? prend-il soin de préciser. D'ailleurs, ça tombe bien. Je dois me rendre à Montréal, chez mon disquaire. Il a reçu les partitions que je lui ai commandées. Je vais aussi en profiter pour rendre visite à ma famille. Je ne serai donc pas disponible pour vos leçons... Allez ! C'est assez pour ce soir. On se revoit lundi.

13

Pour une portion de pâté chinois

NOUS ÉTIONS MARDI QUAND MAESTRO M'A DONNÉ CONGÉ DE PIANO. NOUS SOMMES MAINTENANT VENDREDI SOIR. IL EST DIX-NEUF HEURES ET JE SUIS À L'ARÉNA. OUI, À L'ARÉNA ! Vous avez bien lu. Je suis assis dans les gradins et j'assiste à une partie de hockey. Que s'est-il passé ? Par quel chemin tortueux suis-je arrivé ici ? Eh bien ! Tout a commencé ce mardi après que le maestro Menaldi m'eut accordé congé pour le reste de la semaine. J'ai repris mes habitudes de dîner à la cafétéria de la polyvalente. Mais cette fois sans mes partitions et sans mes habituelles simagrées sur la table à imiter le déplacement de mes mains et de mes doigts sur mon clavier imaginaire. Il ne s'est rien passé de particulier jusqu'à hier.

Jeudi, 11 heures 45. J'ai pris une crème de champignons, trois sachets de craquelins, une portion de pâté chinois avec un thé et un gros biscuit à la farine d'avoine et raisins secs. Je lis un livre en avalant ma crème de champignons, assis à ma petite table, seul, à l'écart du reste du monde. Mes murs sont là qui me protègent de tout rapport avec les autres élèves de la polyvalente. Et pourtant…

— Il a l'air bon ton livre. C'est quoi le titre ?

J'ai failli avaler ma cuillère avec la soupe. LUI ! C'est LUI ! IL est debout devant moi avec son plateau dans les mains. Il ne me demande pas la permission.

Il n'avait d'ailleurs pas à le faire. Après tout, cette table ne m'appartient pas en propre.

IL dépose son plateau, s'assoit sans aucune hésitation, comme si nous étions copains depuis des années. J'ai cru que j'allais fondre sur mon banc, tellement je suis secoué par son audace. C'est que jamais personne n'a osé s'asseoir à ma table. J'ai regardé tout autour de moi, sans doute qu'il n'a pas le choix. La cafétéria doit déjà être archi-pleine de monde. Eh bien, non ! À moitié vide. Des places libres, il y en a partout.

Je ne LUI donne pas le titre du livre que suis en train de lire. Je pousse seulement mes effets personnels pour LUI laisser un peu d'espace. C'est qu'IL a choisi la place juste en face moi. La table est pour quatre personnes. IL aurait pu s'assoir où il veut. Pourquoi juste là devant moi ? Et pourquoi pas d'ailleurs à vingt tables d'ici ? Avec ses copains et copines habituels ? Je n'ose même pas LE regarder. LUI me fixe en souriant. Sans aucune gêne, IL tend le bras vers le livre que je tiens dans mes mains, le redresse, regarde la couverture. Non, mais quel culot tout de même ! Pour qui se prend-il, celui-là ?

— *Les Neuf Dragons* ! Belle couverture en tout cas. L'histoire est bonne ? J'imagine que c'est une de ces histoires de chevalier, de quête et de magie, comme on en voit partout ?

Ça n'a rien à voir ! C'est une histoire vachement belle qui raconte une amitié entre deux garçons... Si tu lisais un peu plus, tu dirais sans doute moins de bêtises. Parce que, quand on lit, on ne parle pas. Voilà ce que j'aurais aimé lui répondre. Je n'ai rien dit. Je me ramasse un plus sur moi-même pour échapper à son regard indiscret. Je finis d'avaler ma soupe sans lui porter la moindre attention.

— Je t'ai cherché partout, qu'il ajoute en enfournant une première bouchée de son infect spaghetti sauce bolognaise qu'il avale presque tout rond. Question d'avoir de tes nouvelles. (Seconde fournée de spaghetti.) Je constate que t'as toujours le nez au bon endroit… (Troisième bouchée de pâte dégoulinante.) Ça ne devait pas être trop grave. Tant mieux!... (Il arrache la moitié de son petit pain avec ses dents et la mâchouille, la bouche grande ouverte. Dégueulasse!)

T'as dû constater que je n'étais plus dans le cours de maths. (Spaghetti!) Avec mes résultats désastreux au premier trimestre, on m'a rétrogradé en maths 306... (Et raaaach et sclounch…) Je n'ai jamais été très fort dans cette matière. (Il saisit l'autre moitié de pain qu'il trempe dans son reste de sauce.) D'ailleurs, je déteste, les maths. C'est mon paternel qui a insisté pour qu'on me donne une chance.

(C'est tout juste s'il ne lèche pas son assiette. Je n'en reviens pas. Il a fini son plat en cinq bouchées! Inimaginable! Un goinfre! LUI, cet être dont j'admire la beauté absolue depuis deux ans, que j'ai installé au pinacle du palmarès des plus belles personnes de ce monde, ce gars-là est un balourd et un goinfre! Incroyable!)

Il me voit médecin ou dentiste. (Il vient d'ouvrir ses deux berlingots de lait qu'il enfile l'un après l'autre en prenant à peine le temps de respirer entre chacun!) Moi, ce sont les arts, la littérature! Ou le journalisme, les communications! Enfin, dans ce genre!

«Avec ton bagout et tes bonnes manières, mon ami, t'es mûr pour t'y faire une place, en communications ! Go, go, go ! » C'est la seule repartie qui me vient à l'esprit en l'entendant pérorer comme une vieille perruche. Elle reste bien sûr silencieuse. IL m'étourdit et me bouffe mon air.

LUI, finalement, n'est pas le genre de gars que j'espérais. Beaucoup s'en faut. Comme on peut se tromper sur la nature des gens que l'on croise.

Bonne affaire finalement ! Je vais pouvoir passer à autre chose. Il est beau ! Ça oui, tout beau ! Mais épuisant comme un CD qui plante en plein milieu. Alors, je me lève, je prends mon plateau, mon reste de pâté chinois à moitié froid, mon thé et mon biscuit à la farine d'avoine et je vais m'assoir à une autre table de l'autre côté de la cafétéria.

Eh bien ! croyez-le ou non, il est venu me rejoindre. À ma nouvelle table ! Celle que je voulais le plus loin possible. Il s'est pointé avec son morceau de gâteau au chocolat. Il est arrivé tout de travers, par la droite. Encore une fois, je ne l'ai pas vu s'approcher. Il s'est assis à côté de moi, cette fois. Il n'a rien dit pendant une bonne minute. Il n'a pas non plus touché à son dessert. Il m'a jeté des petits regards de travers. Silencieux qu'il est, et circonspect, dirait-on. Je me suis retourné pour le regarder, question de m'assurer que c'est bien lui. Pas d'erreur, c'est lui !

— Je suis désolé, François ! C'est plus fort... C'est ... que moi... C'est plus fort que moi... Quand je suis impressionné par quelqu'un, je perds toutes mes manières et je parle tout le temps...

Cette fois, c'est moi qui ai failli m'étouffer avec ma bouchée de pâté chinois. Il connaît mon prénom. Bon, je savais qu'il connaissait mon prénom puisqu'il m'avait abordé en le prononçant, l'autre jour quand il m'a tendu mon livre de grammaire. Ce que je veux dire, c'est qu'en deux semaines, il avait eu tout le temps de l'oublier. Mais non, il s'en souvient. Donc, il connaît mon prénom et il se dit impressionné d'être en ma présence au point d'en perdre tous ses moyens et de piailler comme une poule qui viendrait de pondre. Il y a de quoi tomber à la renverse, non ? Il y a plus d'un an que je vois ce garçon dans ma soupe, que je le zieute dans tous les coins de la cafétéria sans n'avoir jamais osé lui adresser la parole, que je me mast... enfin que je pense à lui sans cesse, et c'est lui qui me dit qu'il est ému d'être là à mes côtés. Trouvez l'erreur !

— Je suis venu seulement m'excuser de t'avoir dérangé tantôt avec mon bavardage insignifiant. Je sais que tu as besoin de te concentrer. J'imagine assez facilement tout le travail que ça exige d'être un pianiste comme toi... Ce doit être extraordinaire d'être devant des salles avec des milliers de personnes venues t'entendre et qui t'applaudissent à tout rompre. Ça doit être vertigineux. Je veux dire, je me demande comment tu fais. Moi, je figerais de terreur. Les profs parlent souvent de toi. Ils disent que tu es connu à travers le monde. Que tu es un enfant prodige ou quelque chose du genre et que… que…

Il s'est arrêté. Il a souri avec embarras.

— Voilà, je recommence ! C'est plus fort que moi… Je suis content que tu te portes bien. Voilà, c'est tout ce que je voulais te dire.

Il reprend son plateau et se prépare à s'éloigner. Je suis resté hébété une seconde ou deux, puis j'ai réagi. Non ! Ce gars-là est vraiment… Il est… Je ne vais pas le laisser partir comme ça pour une bouchée de pâté chinois que j'ai failli avaler de travers.

— Non ! Ne pars pas. Reste, je t'en prie, lui ai-je lancé en souriant.

J'ai à nouveau poussé mes affaires pour qu'il s'assoie devant moi. Il s'est installé, en me souriant. Il m'a tendu la main avec une gentillesse candide.

— Je m'appelle Frédéric…

— Chopin ? n'ai-je pu m'empêcher de marmonner, dans la quasi-extase de ce moment si particulier.

— Non ! a-t-il rétorqué en souriant à ma loufoque proposition. Non, non pas Frédéric

Chopin. Oui, je sais qui est Chopin, même si je ne connais pas vraiment sa musique. En fait, je ne connais pas grand-chose à la musique sérieuse, point à la ligne… Non, en fait, simplement, je m'appelle Frédéric Satie.

Je suis resté là complètement éberlué par cette incroyable coïncidence, pas trop certain d'ailleurs qu'il ne se payait pas ma tête. Mais non ! Il a l'air sérieux. Pas Frédéric Chopin, mais Frédéric Satie… Satie… Comme dans Éric Satie… Ce grand pianiste et compositeur du début du XXe siècle…

— C'est une farce ! ne puis-je m'empêcher de murmurer ! … Satie… Éric Satie… FrédÉRIC Satie… ?

— Oui ! Quoi ? Satie, c'est mon nom de famille... Je sais, oui ! C'est un nom plutôt rare au Québec. Mon père est originaire de la Haute-Normandie du côté du Havre, comme tous les Satie. Il a immigré ici il y a vingt ans.

— Alors là !

— Moi, je suis né ici, bien sûr ! Ma sœur aussi.

— Tu as une sœur !

— Ouais ! Une jolie blonde. Tu as dû la remarquer. On est toujours ensemble à la grande table avec les copains. Elle me parle beaucoup de toi ! D'ailleurs, c'est un peu grâce à elle que je suis là. Elle voudrait que je m'arrange pour que vous fassiez connaissance. Elle te trouve mignon.

— Mignon ?

— Oui, c'est ça, mignon ! Les filles ont une façon de dire les choses, tu sais... Enfin, elle te trouve plutôt très beau... Voilà ce qu'elle m'a demandé de te dire... C'est... C'est ça, très beau !

— Ta sœur... Me trouve beau, moi ? Tu te moques de moi !

— Pas du tout ! Elle trouve que tu as un genre tout à fait unique.

— Unique, ça, c'est certain. Écoute, si tu es venu pour te moquer de ma gueule, tu ferais mieux de t'en retourner. Je sais très bien quelle allure elle a ma gueule. Le petit crapaud, c'est moi. Le laideron, le mochard, c'est moi. Ça te va maintenant ?

— Mais pas du tout ! Moi aussi je te trouve très beau ! Depuis l'an dernier que je cherche à attirer ton attention ! ... Mais qui a bien pu te dire que tu étais mochard ! Il est fou, le gars !

— C'est moi qui le dis et je n'ai pas besoin qu'on me le répète. J'ai les jambes arquées, le corps trop long, les bras aussi, j'ai la tête en forme de poire avec le cou en guise de pédoncule.

— Peut-être qu'il serait temps, François, que tu te regardes comme il faut dans un miroir ! Je suis très sérieux. Ma sœur est une jolie fille, une très belle fille même, elle pourrait avoir tous les gars qu'elle veut. Et si elle te trouve beau, c'est que tu es beau. Et puis y'a pas qu'elle qui le dit. Pas mal d'autres filles encore. Et moi aussi. Oui, bon, je ne suis pas une fille, mais quand même, je te trouve très… enfin… oui très attirant ! Bien sûr, tu es célèbre. Toute l'école te connaît et les trois quarts des filles te reluquent et tous les gars sont un peu envieux de toi. Bon, elles ne sont pas toutes amoureuses, mais quand même, tu ne passes pas inaperçu à leurs yeux… Y'a bien quelques cervelles chaudes qui ne te ménagent pas, mais c'est parce qu'elles sont jalouses et puis c'est tout. Je connais bien des garçons qui voudraient être copains avec toi, et pas juste copains. Enfin, je me comprends. Mais ils sont trop embarrassés pour oser t'approcher. Tiens, moi ! Il m'a fallu plus d'un an pour le faire ! Et encore, il aura fallu que je te casse le nez pour que j'aie enfin un prétexte pour t'approcher.

Nous avons passé le reste du dîner à bavarder. LUI avait désormais un nom. Il s'appelait Frédéric Satie, et aussi étonnant que cela paraisse, il me trouvait beau.

14

Arythmie

« PAS JUSTE COPAINS. ENFIN JE ME COMPRENDS ! » Qu'a voulu dire mon nouvel ami avec cette phrase pleine de sous-entendus. Qu'y a-t-il à comprendre qu'il semble être le seul à comprendre ? Qu'est-ce que deux garçons de quinze, seize ans peuvent-ils être autrement que copains ? Bien sûr, en raison de ma propre nature, je sais que deux garçons peuvent être bien plus qu'amis. Ils peuvent aussi être amoureux l'un de l'autre à l'exemple d'un garçon et d'une fille. S'aimer profondément, très fort, à la folie. Mais Frédéric m'a semblé suggérer une troisième voie dont j'ignore tout et j'avoue que cela m'étonne plutôt.

Les mois qui suivirent allaient m'apprendre qu'il n'y a pas de troisième voie. Il n'y en a que deux. Entre LUI et MOI il n'y en avait même qu'une seule : l'amour. La voie de l'amitié nous était interdite. Or pour emprunter celle de l'amour, il allait falloir accepter d'en payer chèrement le prix. Ce chemin est plein de détours imprévisibles, de pièges et d'embûches. De cela, cependant, je n'étais pas sans le savoir. J'en étais, au contraire, pleinement conscient. Et c'est bien ce qui me faisait peur, déjà.

J'ai passé une partie de la soirée tout nu à me regarder dans le miroir plein pied de ma chambre, à m'examiner sous toutes les coutures. Il me semble pourtant que l'image que j'y ai toujours perçue n'est en rien altérée. Mes jambes sont toujours aussi arquées, j'ai le même torse trop grand, les mêmes bras, la même tronche débile. Pourtant, Frédéric m'a dit que j'étais beau garçon. Erreur d'évaluation, moquerie, aveuglement volontaire ? Peut-être n'ai-je pas assez bien observé les alentours pour y débusquer sa bande d'amis tapie dans un coin à observer la scène en se gaussant de mes réactions puériles ? Ou peut-être Frédéric est-il tout simplement sous le charme du pianiste que j'évoquais plus haut ? Mais non ! Il ne connaît rien à la musique ? Bon, il sait qui est Chopin ! Mais ça ne veut rien dire. Je connais les noms de Pacioretty, P.K. Subban, Carey Price, Maurice Richard, Jean Béliveau, et pourtant je suis nul en hockey. Bien sûr, il s'appelle Fréd-ÉRIK Satie. Mais là encore, un nom ne veut rien dire. Je connais un André Lalumière qui n'est vraiment pas une lumière. Non, vraiment, le charme des musiciens ne doit pas opérer très fort sur une âme aussi dépourvue de connaissances musicales.

Et s'il disait tout simplement la vérité ? Si, contrairement, à ce que j'ai toujours pensé, je n'étais pas si moche que ça, pas trop laid, beau même, ainsi qu'il le prétend ? On est si mauvais juge de soi-même surtout en matière d'esthétisme corporel. On a toujours trop de ceci et pas assez de cela.

Mais son analyse est si éloignée de la réalité que je perçois dans ce foutu miroir… Ce corps déglingué ne peut être objectivement considéré comme beau… Bon, en y regardant de plus près, mes bras ne sont pas si longs que je croyais. Mes pectoraux sont bien développés, c'est vrai, mon ventre est plat, sans graisse, plutôt musclé. Mon sexe est tout à fait convenable, mes fesses sont fermes et bien rondes. Mais il y a toujours mes jambes, et cette tête à faire s'envoler des nichées de corneilles.

Je saisis ma chemise et la lance contre la glace en maugréant. Je remets mon slip et mon t-shirt. Je me rends à la salle de bains. Je prends ma douche avant de me mettre au lit !

Tout ça n'a vraiment aucun sens.

Le lendemain, Frédéric est revenu s'asseoir près de moi à la cafétéria. J'occupe une des rares tables à deux, dans un recoin de la cafétéria, toujours installé à l'abri des regards indiscrets. Je ne peux m'empêcher de lui demander pour quelle raison il n'est pas allé rejoindre sa bande de copains comme il le fait habituellement. Il me répond avec le plus charmant sourire qui soit.

— Parce que j'aime mieux être ici avec toi que là-bas avec eux. Je me sens bien en ta présence.

J'ai failli lui répondre qu'en ma présence, il ne l'a été qu'une seule fois et que c'est bien peu pour être aussi affirmatif. Mais je m'abstiens. Pour tout l'or du monde, je ne souhaiterais poser quelque geste que ce soit ni prononcer le moindre mot qui puisse l'inciter à se lever et à partir. Car, chez moi, c'est tout à fait vrai : je suis absolument ravi d'être à ses côtés. Plus que ravi. Je suis happé par son charme, par son sourire, par la douceur de ses gestes, par sa confondante beauté. J'ai tant espéré qu'il soit là devant moi, ce LUI qui a désormais un nom. Un nom tout aussi romantique que sa personne : Frédéric. Je prends tout de même la précaution cette fois de bien examiner les alentours, juste au cas où... Personne ! Sans doute mon regard s'attarde-t-il un peu plus que nécessaire sur la salle, car Frédéric ressent le besoin d'intervenir.

— Oh ! Je m'excuse ! Peut-être attends-tu quelqu'un ? Si tu préfères, je te laisse ? Peut-être souhaites-tu être seul avec cette personne ?

Il allait se lever quand, dans un mouvement précipité, je tends le bras et lui saisis la main. Nous restons ainsi quelques secondes, nos mains nouées l'une à l'autre. Il semble ravi que je l'arrête, moi je suis pétrifié par l'audace du geste que je viens de poser sans même y avoir pensé, comme s'il s'agissait d'un réflexe d'autodéfense. Je ne peux détacher mes yeux des siens. Malgré le malaise qui me happe, je ne relâche pas ma main de la sienne.

C'est la première fois que je touche quelqu'un avec un pareil désir de l'accaparer, de le garder près de moi, de me saisir de lui. Il y a presque de la douleur dans le geste que je viens de poser. De la douleur, mais aussi un tel bonheur ! J'en suis ému au-delà de ce qui m'est possible de camoufler. Je crois que Frédéric a saisi la portée du sentiment qui se love dans ce mouvement désespéré pour le retenir.

Il me regarde avec une telle intensité, ses yeux dégagent une telle sensualité que j'en suis doublement bouleversé. Sa main se referme sur la mienne. Ses doigts pendant un fragment d'instant jouent sur les miens avec une ivresse si intense que j'en ai des larmes aux yeux, des larmes que je réussis à contenir fort heureusement.

— Alors, dit-il avec un filet d'hésitation dans la voix, je crois que je peux rester.

— Oui ! Je t'en prie, Frédéric, reste.

C'est la première fois que je l'appelle par son prénom et, déjà, j'ai l'intuition, le désir tout au moins, que ce ne soit pas la dernière. Il paraît rassuré que je le fasse et heureux aussi.

Quant à moi, j'ai le cœur qui me débat comme une horloge prise d'une crise d'arythmie avec les aiguilles qui dansent dans tous les sens.

15

Je n'aime pas les filles

VENDREDI, 11 HEURES 45, À LA CAFÉTÉRIA. IL EST À NOUVEAU ASSIS AVEC MOI À LA MÊME TABLE QU'HIER. JE VIENS DE LUI DIRE QUE JE SUIS HEUREUX QU'IL SOIT LÀ. Je lui dis que je le trouve si beau que ça me donne le tournis. Je lui dis que cela me trouble beaucoup. Il rougit. Il sourit. Il répond simplement « Moi aussi. »

Et puis, tout à coup, l'absurdité du moment m'apparaît avec véhémence. Comment ai-je pu lui faire un pareil aveu ? On se connaît à peine. Deux jours ! Une conversation et demie et on en est déjà aux aveux qui paraîtraient équivoques même à un confident de longue date. Où en serons-nous dans deux semaines ? Je vais le demander en mariage ? C'est complètement absurde. Je ne peux pas laisser les choses en leur état sans y mettre quelques bémols.

Alors, bien sûr, j'ai dû faire marche arrière, donner un sens plus acceptable à cette déclaration tout à fait déplacée.

— Enfin, que je tente de préciser, ça ne veut pas dire… que… eh bien que je n'aime pas les… les filles. On peut très bien aimer les filles et en même temps être capable de reconnaître qu'un garçon est beau et qu'on le lui dise sans qu'il en tire des conclusions, disons de mauvaises conclusions… Ce que j'ai dit, je l'ai dit sans aucune arrière-pensée…

— Sans arrière-pensée, bien sûr, répète Frédéric d'une voix un tantinet ironique. C'est ça, oui, je comprends. Sans la pensée de derrière. Mais pour la pensée de devant ?

— Quoi ? Quelle pensée de devant ? Ce que je veux simplement dire, c'est que je te trouve beau, mais que je suis un gars normal. J'aime les filles. Je les aime bien… Oui, beaucoup même ! Bien et beaucoup.

— Oui ! fait Frédéric d'un ton un peu trop assuré à mon goût. On peut très bien trouver un autre garçon très beau et le lui dire sans qu'il en tire de mauvaises conclusions.

— Exactement ! Je te dis que je te trouve beau parce qu'en vérité c'est vrai, tu es beau. Voilà ! Mais ça ne veut pas dire que je n'aime pas…

— … les filles ! C'est ça que tu veux me dire ?

— Oui ! J'aime bien les filles… Beaucoup, même.

— Donc, tu aimes les filles. Beaucoup même.

— Oui, mais peut-être pas comme un gars aime une fille… Oui, j'aime les filles, mais peut-être pas dans le sens premier du terme. Pas… Pas dans le sens où… où tu l'entends…

— Alors, dans le sens second, peut-être ? me demande Frédéric.

— Oui, c'est ça ! Le second ! L'autre…

— Et quel est le sens second ? insiste Frédéric avec ce petit quelque chose de malicieux dans le regard qui me déconcerte comme s'il prenait plaisir à me triturer la caboche avec ses questions insidieuses.

— Je me suis mal exprimé, c'est tout ! Les mots ont dépassé ma pensée, que je réponds avec une certaine agressivité. Je suis bien trop occupé à préparer mon audition au Concours de piano de Montréal et par mes leçons de piano pour avoir du temps à consacrer à quoi que ce soit d'autre. C'est une discipline extrêmement exigeante. Le reste du temps est dédié à mes études ordinaires : maths, français, géographie, histoire, biologie, chimie… Parce que, vois-tu, on ne me fait pas de cadeau. Alors, où veux-tu que je trouve le temps pour les filles ? Maintenant, excuse-moi, je dois me rendre à mon cours d'anglais !

— Ton cours d'anglais ? Mais il n'est même pas midi et quart. Les cours reprennent à une heure ! Tu as tout le temps.

— Ouais ! Eh bien, je vais aller attendre ailleurs !

Je suis en colère. L'attitude un peu trop désinvolte, presque arrogante qu'affiche ce bellâtre me tape sur les nerfs. Ah, ça ! Pour être beau, le petit monsieur est beau ! Mais con comme la lune par une nuit sans lune ! Je ne supporte pas qu'on me prenne pour un imbécile, qu'on cherche avec autant de malice à tirer de moi des confidences que je ne suis pas prêt à consentir.

Je me lève et j'attrape mon sac, prêt à partir. Cette fois, c'est lui qui tend le bras et qui saisit ma main dans la sienne. Une poigne solide, pleine d'une douce fermeté, de tendresse, oserais-je dire. Oui, de tendresse. Cette fois, je ne suis l'objet d'aucune fausse perception. Il pose sa seconde main sur la mienne, et je constate que ses doigts caressent la paume de ma main prisonnière entre les siennes.

Je me tourne vers lui. Je vois son visage se défaire. Il a les yeux rageusement clos, sa bouche est entrouverte, ses lèvres sont tendues, tremblantes. Je regarde tout autour pour voir si quelqu'un nous observe. Personne ! Là où Frédéric et moi sommes perchés, entre ciel et terre, dans un recoin de la grande salle à manger de la polyvalente, personne ne peut vraiment nous observer.

— Je m'excuse, je m'excuse, je m'excuse, François ! ne cesse-t-il de marmonner les yeux farouchement fermés comme s'il n'avait pas le courage de me regarder en face pendant qu'il m'adresse sa supplique. Ne pars pas. Pardonne ma maladresse. Je ne voulais pas te blesser. Pas toi ! ... Je suis un peu lourdaud. Au hockey, ou au soccer, au football, tu sais, dans ce type de sport d'équipe, on a ce genre de comportement. On aime bien se tirer la pipe à boulets rouges. Mais c'est sans conséquence et surtout sans aucune malice, je t'assure. C'est comme ça ! On se donne des airs ! On fait les bravaches. J'ai simplement oublié que tu étais un garçon d'une autre trempe que celle que j'ai coutume de fréquenter. C'est ce qui m'attire en toi... J'ai bien compris ce que tu voulais dire dès le départ, concernant les filles.

Je me rassois. Et là, je vois une chose tout à fait incroyable, une chose à laquelle rien ne me préparaît à voir. Une larme furtive glisse sur sa joue. Il l'essuie d'un geste brusque de la main et il ouvre les yeux, comme si tout à coup il avait honte de l'image de faiblesse qu'il me présente.

Il tire de lui-même la force de me sourire.

— Ça m'apprendra à faire les commissions de ma chère sœur, lance-t-il dans un éclat de rire qui tremble encore d'émotion. Que veux-tu, depuis qu'elle sait que nous sommes… amis?

Il laisse sa phrase en suspens, avec le mot « ami » perché très haut comme une question. Il me regarde tout en continuant à retenir ma main entre les siennes. Alors, je souris.

— Amis, oui! Amis, Frédéric, je veux bien!

Il laisse jaillir un petit soupir d'entre ses lèvres. Brusquement, il fige sur place. Il jette un regard à sa montre et se précipite vers la sortie de la cafétéria.

— Merde! Je suis en retard. Une rencontre de l'équipe de hockey de la poly. C'est moi le capitaine! Le coach va m'arracher la tête.

Il se précipite sans prendre le temps de me saluer. Devant la porte qui donne accès au couloir menant au gymnase, il s'arrête, se retourne comme s'il avait oublié quelque chose, puis il revient en vitesse vers moi, se penche.

— On a une partie ce soir à l'aréna contre le collège Saint-Louis-de-France. Viens me voir jouer. Ce serait chouette. Avec le casque et tout l'attirail, tu risques de ne pas me reconnaître. Chandail bleu et blanc, culotte bleue, bas blanc et bleu. Cherche le numéro 43, ce sera moi.

Il se redresse, vient pour repartir, se tourne à nouveau, se penche encore et à voix à peine chuchotée, il ajoute dans un clin d'œil complice.

— Et puis, à toi, je peux bien le dire. Moi aussi, je n'aime pas les filles. Et moi c'est dans le sens premier du terme qu'il faut l'entendre. Contrairement à toi, le manque de temps n'a rien à y voir. C'est juste une question d'hormones ! Moi, ce sont les garçons ! Ce sera notre secret. Je voulais juste que les choses soient claires entre nous. Pas d'entourloupes ! Ciao Amore Mio !

Ciao Amore Mio !

Mes dieux ! J'avais l'intuition que ce garçon était un cas particulier et plutôt extraverti, mais là, ça dépasse toutes mes attentes. En moins de cinq minutes, il m'invite à sortir avec sa sœur, il me fait dire que je n'aime pas les filles, il me fait quasiment une déclaration d'amour, il m'invite à une partie de hockey, moi qui déteste le hockey, et il me balance qu'il est gai ! Il y a des jours, comme ça, où on se demande si le soleil, par hasard, ne se serait pas levé à l'ouest, comme ça, bêtement, juste pour mettre un peu le bordel dans nos vies ! Quant à sa partie de hockey à l'aréna de la municipalité, ce soir, il peut faire une croix dessus, le beau Frédéric. Pas question que je me traine là-bas juste pour le voir évoluer sur la glace avec sa bande de *pousseux de poke*. Alors, bien sûr, à 20 heures tapantes, je suis là, assis tout seul au bout des estrades. Quand je dis tout seul, je veux simplement dire isolé, dans mon coin, là, tout en haut de la dernière rangée comme c'est mon habitude. Parce que le reste des estrades est plein à craquer, ce qui vous donne une petite idée de ce qui s'offre à la jeunesse d'ici dans le choix de ses activités de fins de semaine : l'aréna, le bowling ou le skidoo. Pas jojo ! La moitié de la polyvalente est là pour voir évoluer ses couleurs sur la patinoire.

Et voilà ! Maintenant vous savez pourquoi je suis à l'aréna municipal ce soir. Et il m'aura fallu trois chapitres pour vous l'apprendre.

16

Les langues étrangères, c'est parfois bien utile

JE NE CROYAIS PAS QU'IL M'AVAIT REMARQUÉ COMME ÇA AU MILIEU DE LA FOULE RÉUNIE À L'ARÉNA. À la fin de la partie, il s'est approché de la bande du côté où je me trouvais et il m'a fait signe de l'attendre. Il a enlevé son casque à visière. Je l'ai tout de suite reconnu malgré la sueur, ses rougeurs et sa crinière blonde aplatie sur son crâne. Son sourire sans doute, plus lumineux plus expressif.

L'équipe des Éperviers de Chambéry a remporté une éclatante victoire contre les Gladiateurs du collège Saint-Louis-de-France : 6, 2. Frédéric a marqué trois des six buts. Il a donc de quoi sourire en effet. Mais j'ai la prétention de croire qu'il sourit surtout en raison de ma présence dans les gradins. Et pour dire les choses comme elles sont, je crois que telle est bien la réalité des faits.

Il me faut tout de même attendre une bonne demi-heure avant que le jeune héros de la soirée apparaisse devant moi. Le seul hic, c'est qu'il est entouré de sa cour *de pousseux de poke* à laquelle il me présente. Ça, je n'avais pas prévu.

— C'est mon meilleur ami. Voilà le fameux François Moshar. Certainement l'élève le plus célèbre de toute la province.

Les autres me saluent distraitement en soulevant leur bâton de hockey. L'un d'eux, plus dégourdi que les autres, ou simplement plus curieux, s'approche et me dévisage d'un air canaille.

— Alors, c'est toi la célébrité de l'école ?

Il me tend la main, mais je ne la saisis pas ainsi qu'il est courant que je le fasse pour les raisons que vous connaissez. L'autre semble s'en offusquer. Alors, j'obtempère par simple courtoisie. Mais au lieu de saisir ma main comme je m'y attends, il retire la sienne pour la porter à mon front. Il m'examine avec attention en tirant doucement la frange de mes cheveux vers l'arrière puis se tourne vers les autres.

— Ben ? fait-il avec étonnement ? Où est ta cicatrice, Potter ?

Les autres, autour de lui, éclatent de rire. Moi, ça ne m'amuse pas du tout. J'ai l'impression d'avoir été attiré là exprès pour servir de dindon à leurs farces plates. Je décoche un regard féroce à Frédéric qui est l'un des seuls à ne pas trouver drôle la tirade de son camarade.

— Décidément, Gingras ! Tu es le roi des cons ! Toujours prêt à t'en prendre à qui ne peut pas se défendre. Je me demande comment je peux encore être copain avec un couillon comme toi !

— Ben, c'est parce que c'est moi qui t'alimente en passes parfaites pour chacun des buts que tu comptes, a l'audace de lui répondre le dénommé Gingras.

— Ah ouais ! Ben on va bien voir ! Je vais demander au coach de jouer avec Juneau pis Bertrand désormais.

— Mais, Fred ! bafouille mon tortionnaire en constatant que son capitaine est réellement en colère et très sérieux. Ne le prends pas comme ça ! C'était juste une farce. Je suis sûr que ton ami l'a compris. Je voulais pas du tout me moquer de lui…

Les rires tout autour se sont éteints avec les dernières paroles de Frédéric. Un silence glacial. Si je suis soulagé de l'intervention de Frédéric, mon salut ne vient pas tellement de lui, mais d'un des joueurs qui se tient un peu à l'écart des autres et qui, lui aussi, n'a pas semblé apprécier la brimade de son camarade à mon endroit. Il dépose un sac de sport qui fait bien le double de celui de ses camarades et, de chaque côté duquel sont attachées les immenses jambières de gardien de but. Il s'approche de moi en me dévisageant comme s'il était en présence d'une idole qu'il admire au-delà de tout. Il s'arrête à trois pas de moi et me salue en baissant la tête brusquement comme le ferait un officier subalterne devant son général.

— Je suis vraiment heureux de vous rencontrer face à face, Monsieur Moshar ! Un honneur ! bafouille-t-il en rougissant, mais sans me tendre la main comme l'a fait son camarade lors des premières présentations. On s'est croisés à quelques reprises, mais je ne crois pas que vous m'ayez remarqué. Nous étions trop nombreux dans ce grand local.

Je n'en reviens pas ! Ce garçon, discret jusqu'à passer inaperçu dans une salle vide, distingué au point de m'appeler monsieur, intelligent très certainement avec une capacité de s'exprimer qui le met dans une classe à part, d'une éloquence qui ne cherche ni la hauteur du ton ni l'effet de voix, ce garçon ni beau ni laid, mais somptueux de prestance dans un corps charpenté et d'une grande élégance, ce garçon, dis-je, s'adresse à moi en me vouvoyant comme on le ferait en présence d'un supérieur.

Il lance un regard en coin au dénommé Gingras qui ne bouge pas et qui ne sait rien faire d'autre que de tourner la tête d'un côté et de l'autre, en zieutant, étonné, tantôt le gardien de but, tantôt moi-même.

— S'il n'a pas voulu te serrer la main, mon Gingras, explique mon admirateur anonyme, ce n'est pas par manque de considération de sa part, mais par réflexe que développent tous les grands pianistes de renommée internationale comme l'est notre distingué visiteur. Les mains d'un pianiste de cette catégorie sont assurées pour plusieurs millions de dollars. Et les compagnies d'assurances leur demandent d'éviter de serrer les mains des inconnus afin d'éviter toute blessure... Ce soir, nous étions fiers de jouer devant quelques centaines de supporteurs qui n'avaient pas à payer leur place pour assister à nos exploits. Lui, il joue devant des salles de deux mille personnes qui paient très cher leur place, et ça, dans toutes les grandes capitales du monde. Alors, tes farces idiotes, Gingras, tu te les gardes pour toi.

Sur ces paroles, mon admirateur inconnu me salue une dernière fois, ramasse son gros sac de sport, l'installe sur son dos et quitte l'aréna dans un silence que viennent briser des hurlements en provenance de la patinoire. Une des deux équipes qui s'ébattent sur la glace vient sans doute de compter un but. Mais personne n'y porte attention.

Pendant de longues secondes, nul ne bouge. On se regarde les uns les autres sans trop savoir quoi dire. Puis le groupe se défait pour rejoindre la sortie. L'un des garçons se tourne vers Frédéric.

— Fred, tu nous accompagnes ? Julien, Charles, Étienne et moi, on va *chez Augusto* manger de la pizza. Tu peux venir avec ton copain, ça nous ferait plaisir.

— Non ! Une autre fois peut-être, répond sobrement Frédéric.

— Bon ! Eh ben, *Ciao Amore Mio* ! lance l'autre avant de se retourner et de quitter l'aréna à son tour en compagnie de ses trois copains.

— *Ciao Amore Mio ?* que je répète, d'une voix contrariée, une fois que le quatuor a quitté les lieux.

— C'est de l'italien !

— Je sais très bien que c'est de l'italien, que je réponds sur un ton glacial. Et figure-toi que je sais très bien aussi ce que ça signifie.

— C'est comme ça qu'on se dit *au revoir* ou *bonjour* dans l'équipe, me révèle Frédéric en ramassant son sac d'équipement sportif et ses bâtons de hockey.

— Vous vous dites *bonjour* en vous lançant des *Ciao Amore Mio* par la tête ?

— C'est un peu notre cri de ralliement... Pas très subtil, je te l'accorde.

— Non ! En effet ! Pas subtil du tout, je dirais même !

Dans ma tête, vient de se dessiner un gros X majuscule sur le *Ciao Amore Mio* que, ce midi-là, Frédéric m'a balancé avant de se rendre à sa rencontre d'équipe. Ce n'est rien de plus qu'un simple cri de ralliement. Rien à voir avec l'interprétation sentimentale que j'en ai tiré. J'en suis quitte pour une bonne dose de désillusion et d'amertume.

— Tu viens, François ?

Je sors de l'espèce d'engourdissement dans lequel m'ont plongé les derniers événements.

Nous marchons jusqu'aux premiers feux de circulation. Pour l'aider, je prends ses bâtons de hockey et me les mets sur l'épaule. Nous allons sans rien nous dire, la tête enfoncée dans nos cols de manteaux en raison du vent qui souffle assez fort. Je suis un peu déboussolé par la tournure que prennent les événements. Sans trop savoir pourquoi, je me demande quelle conclusion je dois en tirer. Je me suis fourré dans la cervelle que ce superbe garçon qui marche trois pas devant moi était amoureux de moi. Bon, peut-être pas amoureux, disons plutôt attiré par moi. Pourquoi ? Comment ai-je pu penser une telle chose ? Je l'ignore. Il m'a lancé son *Ciao Amore Mio* et j'en ai déduit... Ben, j'en ai déduit ce que beaucoup de gens dans les circonstances en auraient déduit. Entre autres, que ce serait une bonne idée de faire, à mon tour, un pas vers lui en me rendant à la partie de hockey. Et là, j'apprends que le *Ciao Amore Mio* en question sur lequel s'est construite toute cette fantasmagorie n'est rien de plus qu'une sorte de label verbal entretenu par les gars de l'équipe de hockey de la polyvalente pour se distinguer de tous les autres élèves. Pas subtil, mais bon, c'est comme ça. Alors, je me demande ce que Frédéric espère de moi. Qu'est-ce qu'il cherche auprès d'un garçon comme moi ? Il n'est certainement pas là pour ma beauté quoi qu'il puisse en dire et il ne connaît rien à la musique sinon que je suis un pianiste qui donne des concerts dans de grandes salles de spectacle à travers le monde. Est-ce ma notoriété qui le titille ? Quel crédit dois-je encore accorder aux propos qu'il m'a tenus hier et aujourd'hui ? Comment puis-je être dans un tel état de questionnement pour un garçon que je ne connais même pas, ou si peu et que depuis hier seulement ? Ça n'a aucun sens !

Et pendant que j'effleure mentalement la marguerite pour savoir si Frédéric m'aime un peu, beaucoup, passionnément ou pas du tout, l'image du gardien de but s'impose à moi.

Nous venons d'atteindre le carrefour. Nous sommes dans l'attente du feu vert pour traverser. Pas question de se risquer sur le feu rouge, harnachés comme nous le sommes (surtout Frédéric) et avec ces voitures qui circulent à une vitesse démente sur un pavé glacé. On s'est même mis en retrait derrière le poteau qui soutient les feux de circulation, poteau fait d'un solide acier qui nous servirait de bouclier si jamais il prenait l'idée à l'un de ces bolides de déraper sur la glace qui s'est formée en surface de la route.

— C'est qui le gars ?

— Quel gars ?

— Ben, le gardien de but ! Celui qui est venu me saluer à la fin.

Frédéric paraît un brin agacé par ma question.

— Pourquoi veux-tu savoir ça ?

— Parce qu'après l'intervention de ton bon ami Gingras, celle du gardien de but m'a fait beaucoup de bien au moral.

— Il t'a fait beaucoup de bien au moral ? bisse Frédéric d'une voix maniérée...

Constatant que son attitude me contrarie, il se reprend aussitôt en tournant la tête pour voir venir la circulation, comme s'il cherchait à banaliser la réponse qu'il s'apprête à me servir.

— C'est Renaud. Vincent Renaud. C'est le bollé de l'équipe !

— Super le gars, en tout cas !

— Tant mieux s'il t'a plu. Moi, je le trouve assez ordinaire. Chacun ses goûts.

— Il n'a vraiment rien d'ordinaire. Il a tout, ce gars-là ! De l'allure, du talent, de l'aplomb et une de ces gueules !

— Et plus de talent que tu l'imagines ! lâche Frédéric avec une certaine animosité dans la voix. Il est dans le programme de l'orchestre à l'école de musique que tu fréquentes. C'est un *Pèpi*, comme toi.

— Un *Pèpi* ! Ben, c'est ce que je disais, il a tous les talents, ce garçon. Comme il l'a prétendu, on a dû se croiser dans les corridors de l'école de musique. Je ne l'avais simplement pas remarqué.

— C'est ce que je disais : ordinaire !

— Coudonc, es-tu jaloux ?

— Moi, jaloux ? Jaloux de qui, jaloux de quoi ? Arrête de dire des niaiseries pis avance. La lumière est verte.

— De quel instrument joue-t-il ?

— Du violon... Arrête de jacasser pis avance. Il reste juste six secondes à la lumière. On va se faire rentrer dedans si tu ne te dépêches pas. Les gens conduisent en fou sur cette rue et en plus c'est glissant sans bon sens... Il vient d'être promu premier violon...

— Premier violon ! Dans ce cas-là, c'est probablement lui que j'ai entendu jouer, l'autre jour, des passages du premier mouvement du concerto n° 2 pour violon de Beethoven. Si c'est réellement celui auquel je pense, eh ben ! je peux t'assurer qu'il a du talent... Premier violon de l'orchestre. Mais, dans ce cas-là, il est en cinquième ?

— Non ! En troisième. Il a quatorze ans seulement. Un bollé je te dis. Troisième enrichie.

— Troisième ? Eh ben ! ton Renaud, c'est pas n'importe qui. Il a un fameux talent. Ordinairement, on confie le poste de premier violon qu'à des cinquièmes ! Alors, en troisième et déjà premier violon, c'est exceptionnel… Il me semblait aussi que son visage ne m'était pas inconnu.

Une fois de l'autre côté de la route, Frédéric s'arrête et m'arrache des mains ses trois bâtons de hockey.

— Bon ! Si tu veux, je te refile son numéro de téléphone et vous prenez rendez-vous. Mais je t'avertis, il est hétéro.

— Ben quoi, moi aussi !

— C'est ça, oui ! En tout cas, il a une petite amie. Juliane ! Une fille superbe… Bon salut !

— Mais où tu vas ?

— Chez moi. Je suis fatigué.

— Fatigué ?

— Ouais, fatigué !

— On pourrait aller prendre un café. Il y a justement un *Tim Hortons* à cinquante pas.

— Pas le goût d'un café. J'avais le goût, mais là, je n'ai plus envie de rien. Je veux juste rentrer chez moi et prendre une bonne douche. J'ai sué et je pue !

— C'est parce que je t'ai parlé de ton ami Renaud que tu es dans cet état ?

— Ce n'est pas MON ami Renaud. C'est juste le gardien de but de l'équipe. Rien de plus. C'est Renaud tout court. Il est brillant, il a un beau corps, il parle fichtrement bien et il joue du violon. Et moi, je… je ne joue pas de violon, je ne connais rien à la musique, je ne comprends rien aux maths, j'ai été rétrogradé en troisième régulière pour refaire mes maths 306. Ce soir, j'ai tout de même compté trois buts, mais ça, tout le monde s'en fout... Je suis fatigué, je suis en sueur, il fait froid. Je rentre chez moi. Je vais prendre une douche et me coucher.

— Oh! Mais dis donc! Tu as mauvais caractère!

— Ben oui! Parfois… Non, souvent… Tout le temps.

Et il est parti, son sac de sport sur l'épaule, tout penché d'un seul côté, ses trois bâtons de hockey traînant par terre, derrière lui. Puis il s'arrête, il pointe le regard vers le ciel. Puis il lâche ces mots qui me font trembler d'émotion.

— Io amo! Te amo! Ich liebe dich! … C'est en italien, en espagnol et en allemand… Vang, tôi yêu ban!

C'est seulement alors qu'il se retourne vers moi. Il a les yeux pleins d'eau. Il ajoute d'une voix grelotante.

— Ça, c'est du vietnamien. Ça veut dire «Oui! Je suis amoureux de toi !» Tu vois, j'ai au moins ça : quelques talents pour les langues étrangères.

Sur ces mots, il se détourne à nouveau, prend sur sa gauche sur la rue Verville et il s'éloigne sans que je bouge d'un centimètre tant je suis bouleversé.

Second mouvement
(Andante con moto)

17

Pour un motif ou pour un autre

JE NE REVOIS PAS FRÉDÉRIC DE TOUTE LA SEMAINE SUIVANTE. IL EST DEVENU INVISIBLE. Remarquez, je n'ai fait aucun effort pour le revoir non plus. Je ne sais ce qu'il a bien pu faire durant ces dix jours.

Sans doute est-il dans le même état d'étourdissement que je le suis. Sans doute encore se dit-il que tout est allé bien trop vite entre nous et qu'il nous faut prendre un recul nécessaire pour mieux évaluer les dégâts qu'aura causés en nous cette tornade d'émotions tout à fait formidable.

En ce qui me concerne tout au moins, je ressens un urgent besoin de reprendre ma vie en mains. Je me jette dans mes cours de piano avec un appétit gargantuesque comme si j'avais été privé de cette nourriture spirituelle depuis des mois, alors qu'il ne s'est écoulé que six journées depuis mon dernier cours. Je me suis remis aux exercices Cserny et Hanon. Le délié des doigts, leur dissociation et leur indépendance sur des motifs variés, des exercices d'étirement, d'assouplissement. Puis d'interminables reprises de gammes, des exercices faisant intervenir des intervalles en tierce, sixte ou octave, et retour aux harassantes et fastidieuses gammes à des vitesses et à des tempos variés, ne m'arrêtant que pour chasser une crampe ou pour reprendre une position plus confortable devant le clavier.

Le soir, je suis épuisé, incapable de faire le vide dans ma tête. Il n'y a que des notes, des clés et des soupirs, des portées qui m'accompagnent jusque dans mon sommeil. Et je reprends le matin suivant avec la même intensité jusqu'à ce qu'au quatrième jour mon maître m'arrête en piochant lui-même sur le clavier une série de notes discordantes.

Je m'arrête estomaqué par la brutalité du geste. C'est la première fois que je vois mon maître perdre patience de manière aussi extravagante. Il se redresse, me regarde un long moment sans rien dire. Son visage est impassible, aucune émotion n'est perceptible. Mais je perçois dans sa respiration une contrariété qu'il vaut mieux ne pas contester.

Maestro Menaldi n'est pas un homme violent, beaucoup s'en faut. Mais il sait être incisif et il peut même devenir caustique quand on s'oppose à lui sans de bonnes raisons. Et dans sa tête à lui, les bonnes raisons de s'opposer à lui, ça n'existe tout simplement pas.

— Monsieur Moshar ? Puis-je vous demander si vous ne seriez pas par hasard tombé sur la tête ces derniers jours.

— Je ne comprends pas, Maître !

— Monsieur Moshar, j'ai pour vous la plus grande estime. Voilà trois années que je travaille à vos côtés. Nous avons passé ensemble des centaines voire des milliers d'heures. Je crois vous connaître assez bien. Et je pense que vous me connaissez assez pour savoir que je n'aime pas qu'on me prenne pour un imbécile, ce que je crois, vous me pardonnerez ce petit accroc à ma modestie légendaire, ne pas être. Alors, pouvez-vous m'expliquer à quoi rime tout ça ?

— Je ne comprends pas, Maître. Je fais mes leçons de piano. J'essaie de perfectionner mon jeu. J'y mets beaucoup d'énergie.

— Monsieur Moshar, voilà trois jours pleins que j'endure cette cacophonie. Un quatrième pourrait s'avérer fatal pour mon pauvre cœur. Un bambin de deux ans ferait plus de musique en tapant sur des casseroles. J'aimerais savoir ce qui se passe avec vous. Où êtes-vous ? Pourquoi cette régression subite dans la qualité de votre jeu et cet entêtement presque maladif à répéter des exercices d'étirement qui ne vous servent absolument à rien ?

Il y a du désespoir dans ce recul, une sorte de folie morbide que je ne saurais cautionner. La régression, en soi, n'est pas un mal. Il faut souvent reculer pour mieux sauter.

Écouter de la musique, Monsieur Moshar, produit parfois cet effet de régression momentanée. Tout ça, c'est très sain pour la santé mentale. On voyage sur la ligne du temps tantôt dans le passé tantôt dans le futur. L'auditeur perd le contact avec le moment présent. Tel est le pouvoir de la musique. C'est magnifique... Mais, dans votre cas, c'est le piège, monsieur Moshar. Car, vous n'êtes pas un auditeur de musique, vous êtes la musique. C'est à vous qu'incombe le rôle de nous conduire le plus loin possible des contingences de ce pauvre monde. Et pour ce faire, vous devez être présent à ce que vous faites, vous devez contrôler vos désirs, vos obsessions, vos forces comme vos faiblesses. Pour l'instant, vous êtes dominé par des questions qui vous rendent insensibles à la musique. Vous ne produisez que du vacarme.

Maître Menaldi fait un long silence. Quand il reprend, sa voix est beaucoup plus douce et enveloppante.

— Je ne prétends pas être un grand psychologue. Cependant j'ai assez d'expérience et d'années de vie pour savoir qu'il y a, en vous, des pulsions qui n'ont rien de mauvais ni même peut-être rien de bien grave, mais qui semblent en tout cas vous tourmenter. Vous traversez un âge plein d'écueils et de questionnements. Votre corps change, votre façon de voir le monde, d'envisager la vie se transforme et évolue en tirant dans toutes les directions... Je ne vous parlerais pas comme je le fais à présent si cela n'avait pas un impact négatif sur votre musique. Mais j'ai la responsabilité de vous dire les choses telles qu'elles sont... Peut-être serait-il sage que vous discutiez de ces problèmes avec vos parents, votre père en particulier. Il pourrait vous aider à y voir plus clair en vous-même.

— Pour parler à mon père de ce qui me tourmente, encore faudrait-il qu'il soit présent. Il est continuellement en tournée. Mon père, Monsieur Menaldi, je ne le connais pas et il ne me connaît pas. Nous sommes étrangers l'un à l'autre. Et c'est pareil avec ma mère ou avec mon frère et ma sœur. La musique, Maître Menaldi, a une réputation surfaite, si vous voulez mon avis. Alors qu'on la considère comme le moyen le plus parfait de communication entre tous les humains, cette même musique a isolé tous les membres de ma famille dans des bulles qui nous rendent inaccessibles les uns aux autres.

— Hélas! répond le vieux maître. La musique est parfois une maîtresse bien cruelle, je l'admets.

— Ouais, soufflé-je en relevant la mèche de cheveux qui me retombe sur les yeux. Elle tue l'être humain et se sert des morceaux qui la servent le mieux.

— Monsieur Moshar, cessez de prendre ce piano pour votre ennemi. Il est une partie de vous-même, il est le prolongement de votre âme. Il faut taire tout ce tapage en vous-même et vous reconnecter sur ce qu'il y a de plus authentique en vous.

— Ce que vous appelez « mon tapage », Maître, est certainement de moi-même ce qu'il y a de plus authentique et de plus sacré en ce moment.

— Dans ce cas, mon jeune ami, il faut le faire grandir, il faut cesser d'en avoir peur, car c'est précisément sur cette part la plus sacrée de vous-même que va se construire l'artiste que vous êtes en train de faire émerger en vous.

Un long silence succède à cette phrase lourde de sens. Maître Menaldi s'assoit devant moi et prend mes mains dans les siennes. Il m'oblige à le regarder dans les yeux. Je ne l'ai jamais vu si attentif au regard que je lui porte alors.

— Écoutez-moi bien, mon garçon, car je ne répéterai plus ces mots même sous la torture : vous avez en vous une puissance d'aimer et un pouvoir de captiver un auditoire comme je n'en ai jamais connu avant vous. Mais plus que tout, vous possédez un talent exceptionnel, un son unique comme on dit dans le jargon musical. Ne le gaspillez pas. Ne gaspillez aucune des forces qui vous habitent, ce serait un sacrilège…

Jamais je n'aurais cru ce vieil homme capable d'un pareil aveu. Lui si parcimonieux de louanges, si rebelle à toute forme de flagornerie et si réfractaire aux compliments faciles, voilà qu'il ose faire l'éloge devant moi de mon talent. J'en suis bouleversé au point d'en perdre toute retenue. Des larmes me montent aux yeux.

— C'est vrai, Maître ? C'est vraiment ce que vous pensez ? J'ai vraiment le talent qu'il faut pour…

— Pour continuer ! fait le vieux maître. Pour continuer seulement ! répond-il en se levant brusquement et en reprenant son ton bourru habituel. Où cela nous conduira-t-il, je l'ignore. Et ne vous croyez pas dispensé des efforts qu'il faudra y mettre ne serait-ce que pour vous replacer sur le chemin du progrès que vous avez si lamentablement abandonné. Et je me permettrai, pour conclure, de vous citer ce passage du Livre des Psaumes verset huit : « *À celui qui aura beaucoup reçu, il sera beaucoup demandé.* »

— Quoi ? Vous connaissez aussi des passages de la Bible, vous ? fais-je en essuyant les larmes. Je croyais que vous étiez le premier de tous les mécréants de ce monde.

— Et je le suis, croyez-le bien. Je ne connais rien aux Saintes Écritures. J'ai dit n'importe quoi. Mais je trouve que ça se plaçait bien dans la conversation, rétorque-t-il dans un demi-sourire... Maintenant, si vous le voulez bien, reprenons là où nous en étions la semaine dernière : le premier mouvement du concerto nº 5 de Beethoven. (Il rouvre le couvercle du clavier.) Il faut retravailler sérieusement le phrasé du dernier tiers du premier mouvement, le passage au motif principal après la chromatique doit se faire beaucoup plus en douceur… Comme ceci (il pianote quelques mesures). Dites ? Vous m'écoutez, monsieur Moshar…

Oh ! Je l'écoutais, ce vieux maître. Je l'écoutais comme je ne l'avais encore jamais si bien écouté. Avec sa douceur et son très grand humanisme, il venait de me remettre en face de mon véritable rôle d'interprète. Si on me demandait aujourd'hui « À quel moment de votre existence avez-vous vraiment compris que vous deviendriez concertiste ? » c'est très certainement ce moment-là que je citerais.

Mais il fit bien plus cela. Sans le savoir, il venait de faire une première brêche dans le troisième mur qui m'isolait encore de Frédéric.

Pendant que je jouais, ses paroles résonnaient encore dans ma tête : « *Dans ce cas, mon jeune ami, il faut le faire grandir, il faut cesser d'en avoir peur, car c'est précisément sur cette part la plus sacrée de vous-même que va se construire l'artiste que vous êtes en train de faire émerger de vous.* »

18

Un gong infernal

MAIS UN MUR NE S'ABAT PAS SANS FAIRE QUELQUES DÉGÂTS, SANS QU'IL NE LAISSE DES MARQUES SUR LE SOL, NE SOULÈVE UN NUAGE DE POUSSIÈRE ET NE FASSE QUELQUES DOMMAGES COLLATÉRAUX COMME ON DIT DANS LE JARGON MILITAIRE. Et plus le mur est élevé, plus il est épais et bien ancré dans le sol, plus les ravages sont importants. Nous ne fîmes pas exception à cette règle implacable, Frédo et moi. Et les mois qui suivirent furent difficiles et douloureux à traverser. Si les rencontres précédentes ne constituent que le début de notre histoire, à Frédéric et à moi, ce n'en fut forcément pas la fin et, donc, nécessairement, nous nous revîmes.

Nous reprenons contact le douzième jour après la fameuse soirée à l'aréna. Mais il faut bien l'admettre, cette rencontre ne se produit pas sous les meilleurs auspices. Frédéric est dans tous ses états. Il vient de sortir d'une violente prise de bec avec des camarades qui étaient assis à sa table. Les gros mots ont volé en ameutant la moitié des élèves qui dînent sur place ce midi-là. Il a saisi son plateau et s'est éloigné à grandes enjambées vers le fond de la cafétéria et s'installe à une table en retrait sous le regard étonné des élèves qu'il croise. De l'endroit où je me trouve, je n'ai rien vu de ce qui s'est passé. J'ai entendu des éclats de voix, reconnu à travers elles celle de mon ami, mais c'est tout. Le calme est revenu. Je laisse s'écouler quelques minutes, puis je m'approche de la table occupée en solitaire par Frédéric.

— Ça va ? que je lui demande sans pour autant oser m'asseoir à ses côtés.

Lentement, il lève la tête vers moi. Il m'adresse un demi-sourire sans pour autant m'inviter à prendre place. Je reste donc debout et je l'observe quelques secondes. Il a les coudes appuyés sur la table, la tête dans ses mains. Son visage est encore rouge de colère. J'ai de la difficulté à reconnaître, dans ce corps déhanché, l'ami énergique d'il y a douze jours. Frédéric semble en proie à une violente tristesse qui lui voûte le dos.

— Tu veux que nous parlions ?

Il ne répond pas. Il prend sa fourchette et se met à grappiller le fond de son assiette sans prendre la peine de porter de la nourriture à la bouche. Puis il dépose sa fourchette et sans me regarder, il dit :

— François ! Je désire être seul. Je n'ai le goût de voir personne en ce moment... Surtout pas toi. Les choses sont allées trop loin, trop vite. C'est de ma faute, je le sais. J'ai dit des paroles que je n'aurais pas dû prononcer. Des mots ridicules que je ne pensais pas. Et maintenant, je préfère que nous en restions là.

On m'aurait entré un couteau dans le ventre et on l'aurait tourné et retourné pour m'arracher les entrailles que je n'aurais eu plus mal.

J'ai quitté la cafétéria et, pendant deux longues semaines, je me suis réfugié dans mon local de musique et j'y ai joué du piano comme un enragé. Et, contrairement à ce qu'on pourrait croire, mon maître a paru satisfait de mes progrès. Comme quoi, cette maudite musique se nourrit de tout, du meilleur et du pire de nous-mêmes.

19

Comme le nez au milieu du visage

CES DEUX SEMAINES PASSÉES EN DEHORS DE LA PRÉSENCE DE FRÉDÉRIC AURAIENT CERTES PU ÊTRE LES PLUS DOULOUREUSES DE MON EXISTENCE. Mais il n'en a rien été. Les progrès que j'enregistre dans l'exécution du *concerto n° 5 de Beethoven* compensent largement son absence. J'en viens même à penser que tout est pour le mieux dans le meilleur des mondes. Qu'échappant à Frédéric, j'ai finalement échappé au pire. J'en suis même amené à conclure que je me suis lourdement trompé quant à mon orientation sexuelle. Mais non voyons ! Je ne suis pas gai ! Je ne suis pas du tout attiré par les garçons. Pour les filles, ça arrivera en son temps. Suffit de savoir attendre. Pour l'instant, je suis trop occupé et patati et patata !

Ce pieux mensonge a suffi cependant à redresser les trois murs qui m'isolent du reste du monde. Quelle bêtise a été la mienne que de vouloir les abattre ! Cela ne m'a laissé que souffrance et amertume au cœur.

Pour l'heure, je n'ai qu'un seul amour, qu'un seul univers, qu'une seule beauté qu'il me faut travailler à conquérir : c'est la musique. Rien d'autre ne m'a jusqu'ici rendu plus heureux, plus entier, plus totalement moi-même que la musique. La musique comble tous mes besoins. À travers elle, je façonne des mondes fantastiques et merveilleux, je me transporte en des lieux inaccessibles.

À quoi peuvent servir les pitoyables émotions humaines auprès de celles que nous procure la musique ? La musique conduit l'âme à des hauteurs bien plus vertigineuses ! Et dans ces sphères éthérées que crée la musique, je suis heureux et à l'aise. C'est du moins ma certitude, ma vérité jusqu'à… eh bien jusqu'à ce que tout s'écroule à la suite de deux événements qui se produisent le même jour et qui vont, encore une fois, tout remettre en question.

Le premier de ces deux événements survient à 10 heures 32 ce vendredi fatidique du

18 février, gris, maussade et pleurnichard. Trois jours plus tôt, le maestro s'est procuré une copie sourde du cinquième concerto pour piano de Beethoven. On appelle un *enregistrement sourd*, un enregistrement sans la partie interprétée par le concertiste, violon ou piano selon le cas. On n'y entend que l'orchestre avec les vides créés par les solos. Bien sûr, il y a un danger à pratiquer avec un enregistrement sourd, c'est celui de jouer mécaniquement en ne s'intéressant qu'à une structure extérieure de l'œuvre imposée par la vision d'un chef et d'un concertiste qui n'ont rien à voir avec ma réalité. Mais je ne doute pas que maestro Menaldi le sache et qu'il veillera à m'éviter cet écueil. Il a choisi la prestation qu'en a donné l'Orchestre philharmonique de Berlin sous la conduite de Leonard Bernstein avec Zimmermann au piano.

— Je vous donne deux jours pour vous familiariser avec cette lecture. J'ai choisi cette version, car c'est très certainement celle qui convient le mieux à votre fougue actuelle, m'explique mon vieux maître. Nous ajusterons votre interprétation en fonction de ce que vous nous offrirez vendredi matin prochain. Nous allons construire votre proposition sur le patron de celle-ci, mais en nous écartant de certaines manies de Zimmermann... Tenez, me lança-t-il, prenez ce casque d'écoute. Vous

vous concentrerez mieux. Je me contenterai de vous faire part de mes commentaires à la fin de chaque mouvement. Je m'attends à ce que vous en teniez compte.

Pendant les deux jours qui ont suivi, je n'ai ménagé aucun effort. Je couche presque avec le casque d'écoute sur les oreilles. Je m'applique à obéir aux ordonnances orchestrales. J'emmagasine les informations, les observations et les critiques de mon maître et je reprends studieusement un mouvement après l'autre. Vendredi arrive. Cette fois, le maître me retire le casque d'écoute.

— Vous allez interpréter ce concerto comme si vous étiez en présence de l'orchestre. La musique va vous parvenir depuis ces quatre haut-parleurs. Installez-vous confortablement, concentrez-vous et, quand vous serez prêt, je lancerai la musique. Elle ne s'arrêtera qu'une fois les trois mouvements complétés. Je n'interviendrai en aucun moment durant l'exécution. Éblouissez-nous, jeune homme.

J'entends alors derrière moi le pas feutré de gens qui se déplacent sans faire de bruit. Je me retourne. Une soixantaine de personnes sont assises par terre au milieu de la pièce. Toute l'école de musique, les maîtres et les autres élèves. Jouer devant une assistance ne me déplaît pas. J'ai l'habitude de performer devant des orchestres de très grand prestige et dans les salles de concert les plus célèbres du monde. Mais c'est bien la première fois que des témoins de si haut lignage musical seront présents lors d'une de mes leçons. Je ne m'y attendais pas et j'avoue être intimidé par la présence des professeurs et des autres élèves.

Il me faudra une bonne minute pour retrouver mon calme. Je lève les yeux vers mon vieux maître, lui adresse le signe de la tête signifiant que je suis prêt. Et alors la musique éclate.

Ce concerto a la particularité de commencer assez brusquement. Un seul accord orchestral et le piano intervient immédiatement après. Je suis pris de court par cette entrée en matière un peu trop rapide. Tout le son qui m'envahit inopinément me paralyse.

Je fais signe. On arrête. Aucun mot, aucun commentaire. Nouveau mouvement de la tête. La musique reprend du début. La foutue note se fait à nouveau entendre et j'entre en action. Le reste n'a été qu'une impulsion du corps, un moment de grande jouissance. J'ai joué avec un plaisir rarement atteint. Le premier mouvement, je l'ai traversé sans accrocs avec la fougue nécessaire. J'ai servi le second avec la retenue et la douceur que produirait une main sur le torse dénudé de l'être aimé. Le problème, c'est que je n'ai jamais connu pareille expérience. Alors, mon jeu s'est accompagné de visions fugitives de Frédéric. J'ai eu du mal à contrôler mes émotions et j'ai raté mon entrée au cinquième appel. Tout est rentré dans l'ordre avec l'énergique troisième mouvement.

Je suis plutôt satisfait de ma prestation. Celle-ci me vaut d'ailleurs les applaudissements chaleureux de l'assistance.

Une fois que la petite salle est déserte, mon maître s'approche. Il pose sa main sur mon épaule. Il n'a encore prononcé aucun mot. Il y a un bon cinq minutes qui s'est écoulé depuis que les élèves et les professeurs ont quitté les lieux. J'ai beau fixer mon regard sur le visage de maestro Menaldi, je ne peux y lire ni sa satisfaction ni sa déception. Un masque d'impassibilité. Pas de sourire, un visage parfaitement impassible. Il retire ses lunettes, se frotte l'arcade du nez, rechausse ses lunettes. S'éloigne, fait le tour du piano, s'arrête finalement devant moi.

— Vous n'êtes pas prêt. Et je ne sais plus comment intervenir auprès de vous. On dirait que quelque chose vous bloque. Vous êtes un pianiste prodigieux. Vous avez une présence tout à fait remarquable. Vous captivez votre auditoire. Mais vous ne leur offrez rien de ce que tout pianiste de concert doit donner : un miracle, un moment… Le premier mouvement a été rendu avec une perfection technique impeccable. Mais l'âme n'y était pas. Dans le second, vous avez été submergé par vos émotions personnelles. Vous n'avez pas servi la musique, vous vous êtes plutôt servi d'elle pour faire émerger en vous des ivresses que vous n'étiez pas en mesure de contrôler, et vous avez loupé votre entrée en cinquième reprise. Déplorable. Quant au troisième mouvement, vous l'avez joué comme un cheval qui voit l'écurie au loin et qui s'emballe pour y arriver au plus vite. Il n'y avait pas l'ombre d'une démarche artistique dans ce que j'ai entendu ce matin.

Il nous reste trois possibilités, Monsieur Moshar. Vous abandonnez une fois pour toutes l'espoir d'une carrière professionnelle. Ou bien vous vous retirez de la compétition au Concours de piano de Montréal. Ou alors vous vous reprenez en main et vous acceptez d'affronter ce qui semble faire obstacle à tout progrès.

Vous êtes amoureux, je le sais. C'est aussi évident que le nez au milieu du visage. Ce sentiment vous fait horriblement peur et vous détruit à petit feu. Oh! Et puis non! Ce n'est pas à petit feu. C'est un incendie, une conflagration qui risque de vous emporter tout entier si vous ne vous investissez pas plus profondément dans toutes les dimensions de votre vie. Vous ne serez jamais un grand pianiste si vous ne faites pas d'abord l'unité en vous. Et là, Monsieur Moshar, je ne peux pas faire grand-chose pour vous.

Comment vous dire jusqu'à quel point j'ai été anéanti par cette déclaration ? Cet homme savait. Comment ? Je l'ignore. Mais il savait concernant Frédéric et moi. Peut-être pas Frédéric, non sans doute pas. Mais il savait qu'il s'agissait indéniablement d'un garçon.

Et dire que je croyais avoir bien joué ce cinquième concerto de Beethoven.

20

Homo... zygotes

LE SECOND ÉVÉNEMENT SE PRODUIT DEUX HEURES PLUS TARD ALORS QUE JE SUIS ASSIS À LA CAFÉTÉRIA DE LA POLYVALENTE. J'ai à peine touché à ma soupe au poulet et aux nouilles et je grappille distraitement quelques rognures de patates dans le fond de mon bol de poutine. Je suis encore sous le choc du dernier commentaire de mon vieux maître. J'ai des idées cafardeuses et noires. Je ne sais plus comment conduire le bateau de ma vie qui semble vouloir faire naufrage avant même d'avoir quitté le port.

Je n'ai pas remis les pieds à la cafétéria depuis les deux dernières semaines. Je m'y suis rendu avec le secret désir d'y retrouver Frédéric. Mais il brille par son absence.

Elle s'est approchée de ma table sans que je la voie venir. Elle se tient droite devant moi. Me regarde exactement comme IL l'a fait trois semaines plus tôt, la première fois qu'il s'est adressé à moi en ce même lieu, le sourire en moins. Elle aussi, tout comme LUI, elle ne demande pas la permission de le faire avant de s'asseoir en face de moi.

Sans redresser la tête, je lève les yeux. Un chemiser de jean bleu délavé, une fleur brodée sur la pochette du sein droit. Les manches repliées jusqu'aux coudes. Pas une seule syllabe n'est encore sortie quand j'interviens d'une voix cassante.

— Je sais qui vous êtes ! Alors pas la peine !

— Je sais aussi qui tu es, réplique la jeune fille du tac au tac.

— Alors, nous savons tous les deux qui nous sommes. Excellent !

— Je suis ici parce que mon frère Frédéric…

— Tiens ! Lui aussi ! C'est une manie familiale ou quoi ?

— Je ne comprends pas !

— De faire faire vos petites commissions par l'autre. La première fois que votre frère m'a abordé, il m'a aussi affirmé qu'il était là grâce à vous. Il prétendait que vous me trouviez attirant et que vous ne saviez pas comment entrer en contact avec moi.

— Mais c'est ridicule ! Jamais je ne lui ai demandé d'intervenir auprès de toi. Pourquoi aurais-je fait une telle chose ? Je n'ai jamais été attirée par toi.

Cette fois j'ai levé la tête vers elle. Un instant, je suis frappé par la beauté de son visage et surtout par sa ressemblance avec Frédéric. Stupéfiant!

— Bien sûr, c'est connu. Dans les contes, la belle princesse ne regarde jamais la vilaine grenouille! ne puis-je m'empêcher de lui balancer non sans accompagner le trait d'un rictus un peu méprisant. Ne vous en faites pas, mademoiselle, je n'ai pas cru votre frère quand il a dit cela.

— Ce n'est pas ce que je voulais dire... Je voulais seulement te faire comprendre que je ne suis pas de celles qui ont besoin de passer par les autres pour dire quelque chose à quelqu'un.

— Apparemment, votre frère est ce genre de personne... Mis à part ce détail, vous vous ressemblez beaucoup.

— Nous sommes jumeaux homozygotes. Ça veut dire...

— Je sais parfaitement ce que signifie le terme *homozygote*. Je ne suis pas si débile. Écoutez, mademoiselle, tout homozygote que vous soyez, j'ai eu un affreux avant-midi. J'ai la tête qui me démange. Je m'assois ici justement pour ne pas être importuné.

— Oh! Le petit génie de la musique a besoin de calme!

Il y a cette fois une violente charge d'amertume et de mépris dans cette réplique.

— Et vous, mademoiselle, dont je ne connais même pas le foutu nom, vous êtes le génie de quoi ? Vous êtes ici pour me dire de me tenir loin de votre frère. Parce que je l'ai fait assez souffrir comme ça ? Si c'est pour cette raison que vous êtes venue, vous pouvez vous en retourner tout à fait rassurée. Il n'est pas dans mes intentions de revoir votre cher petit frangin. Et sachez que ce qui s'est passé entre lui et moi n'est que le fruit de son imagination.

Je me lève et je ramasse mes affaires, prêt à quitter ce tribunal improvisé.

— Justement ? s'acharne-t-elle, que s'est-il passé entre toi et Frédéric ?

— En quoi cela vous concerne-t-il ? Qu'est-ce que vous avez dans votre famille qui ne tourne pas rond ? Chacun s'autorise à s'occuper des affaires de tout le monde ? Il ne s'est rien passé, rien ! Ça vous va comme ça ? RIEN !

J'enjambe la banquette pour m'éloigner. Elle attrape alors ma main et me retient. Exactement comme l'a fait Frédéric lors de notre seconde rencontre. Il y a dans la voix de la jeune fille un tel élan de désespoir que cela me bouleverse et me terrifie.

— C'est pour Frédéric que je suis là. Il ne sait rien de ma démarche. Il ne va pas bien du tout ! Il a besoin de toi… Et je m'appelle Roxanne !

Roxanne ! Misère ! Pour la seconde fois,

ces vers sublimes de *Cyrano de Bergerac* me reviennent en mémoire :

> « *Qui j'aime ? … Réfléchis, voyons ! Il m'interdit*
> *Le rêve d'être aimé même par une laide,*
> *Ce nez qui d'un quart d'heure en tout lieu me précède.*
> *Alors, moi, j'aime qui ? … Mais cela va de soi !*
> *J'aime, mais c'est forcé ! … la plus belle qui soit !* »[3]

3. Dans la pièce *Cyrano de Bergerac*, la belle dont est épris Cyrano se prénomme Roxanne.

21

Il a besoin de toi

JE ME SUIS RASSIS. ROXANNE ME FIXE LONGUEMENT, M'EXAMINE AVEC ATTENTION ET AVEC CE REGARD À LA FOIS INTRIGUÉ ET ADMIRATIF.

— Je t'observe et je me demande ce que mon frère a bien pu te trouver de si attachant.

— Je suppose que je dois prendre ça comme une insulte. Mais ce que vous pouvez penser de ma personne m'indiffère complètement, mademoiselle. Je sais que je suis laid…

— Pas du tout, dément-elle avec véhémence. Jamais je n'ai dit que tu étais laid. C'est ridicule. Tu n'es pas laid du tout. Au contraire, je te trouve plutôt beau garçon. Mais de là à bouleverser mon frère…

— Parce que je le bouleverse, moi ?

— Oui ! Complètement. Au point de ne plus dormir et de ne plus manger depuis une semaine. Il n'est question que de toi. François par-ci, François par-là !

— Il vous a parlé de moi ?

— Depuis que nous avons assisté à ce satané concert, il ne parle que de toi. Il te voit dans sa soupe.

— Concert ? De quel concert parlez-vous ?

— De celui que tu as donné au PEP en mai dernier avec l'Orchestre Métropolitain.

— Ah oui ! Le concerto n° 1 de Brahms. Et vous dites que c'est depuis ce concert que votre frère…

— Il a conservé le programme comme s'il s'agissait d'une relique.

— J'imagine que vous n'avez pas apprécié !

— As-tu fini de me vouvoyer ! J'ai l'impression que tu t'adresses à ma grand-mère… J'ai beaucoup aimé, si c'est du concert que tu parles. J'adore la musique classique. C'est moi qui ai insisté pour que papa nous amène à ce concert. Tu es célèbre, tu sais. Tu restes ici, dans cette municipalité reculée, tu fréquentes la même polyvalente que nous. Alors, je voulais voir ce phénomène.

— Une bête de cirque ! Une curiosité !

— Tout à fait. La femme à barbe, quoi ! précise-t-elle en souriant malicieusement… J'étais surtout intéressée de t'entendre. Et ma foi, ils ont bien raison : tu es un pianiste exceptionnel. Mais je n'ai pas été étonnée. Dès que tu es entré sur scène, il se dégageait de ta personne quelque chose d'unique.

— Un miracle ? Un moment ? ai-je proposé.

— Une rencontre ! C'est ça, une rencontre ! Alors non, je n'ai pas été surprise d'être à ce point émue par cette musique qui me pénétrait le corps par tous les pores de ma peau. Non ! En fait ce qui m'a étonné, c'est que Frédo ait tellement apprécié sa soirée. Il déteste habituellement ce genre de musique. Mais, à la vérité, je ne crois pas qu'il soit tombé amoureux de la musique classique, sûrement pas du romantisme de Brahms en tout cas. Mais plutôt du concertiste. Il ne te quittait pas des yeux. Il t'aimait déjà, je crois.

— Vous avez compris ça, vous ? Comme ça, tout de suite ? Votre frère est amoureux d'un autre garçon et ça ne vous émeut pas plus ça ?

— On est jumeaux, on se comprend sans se parler… Alors, oui, je savais. Depuis longtemps. Je peux presque affirmer avec certitude que Frédo est gai depuis sa naissance. Ça n'en fait pas un monstre pour autant. D'ailleurs, avoue que tu l'avais deviné. Entre vous, il y a comme un sixième sens qui fait que vous vous reconnaissez d'un simple regard.

— J'ignore à quel sixième sens vous faites allusion. Mais j'ai cru comprendre que votre frère était un gars à filles… Mais on peut se tromper, bien sûr. Les apparences, vous savez… Et puis, je ne connais rien de votre frangin. Mais permettez-moi de vous demander ce qui vous autorise à prétendre que je suis comme votre frère. Je ne suis pas un gai… Je… Je suis normal, moi.

— Mon frère l'est tout autant, je te signale.

— Eh bien normal ou pas qu'il soit, ton frère, je ne crois pas qu'il sache grand-chose de moi, lui non plus.

— Il en connaît plus que tu ne l'imagines. Il a lu tout ce qui a été écrit sur toi depuis les trois dernières années. La presse a été généreuse à ton endroit. Une centaine d'articles t'ont été consacrés dans les journaux locaux, nationaux et internationaux. Berlin, Londres, Paris, New York, Montréal, la Scena musicale, le Circuit, Le Classica. Tous, je te dis. Je ne sais pas comment il s'y est pris, mais Frédéric les a tous collectionnés. Je crois qu'il pourrait citer dans l'ordre et dans le désordre chacun des concerts que tu as donnés, avec le titre des pièces que tu as jouées. Il les a écoutées en boucle au point de les connaître presque par cœur.

— Et tu penses qu'on connaît bien une personne en lisant ce qu'on écrit dans les journaux à son sujet ? Tu dois admettre que c'est une façon bien bizarre de connaître quelqu'un. Mais je dois avouer que c'est tout de même flatteur. Je ne savais pas que j'avais un fan si dévoué à ma cause !

— C'est là que tu te trompes ! Frédéric n'est pas un fan du pianiste que tu es. Pas du tout.

Ce n'est pas dans sa nature d'être un fan de quoi que ce soit. Il est amoureux du garçon qui se cache derrière le pianiste. Follement amoureux. Frédéric est parcimonieux, question amour. Je ne crois pas qu'il n'ait jamais aimé qui que ce soit avant toi. Sinon maman et moi. Mais ça, c'est autre chose. Mon frère est gai, et je suis certaine que tu le savais.

— Comment voulais-tu que je le sache. Il n'a pas ça écrit sur son front. Et puis, ce n'est pas du tout l'image qu'il projette.

— Je sais. C'est sa manière de se protéger pour ne pas prêter flanc aux attaques vicieuses des imbéciles. Alors, il se donne des airs. Il est très beau garçon et il a une solide constitution, il joue au football et au hockey. C'est le genre de garçon qui attire le regard des filles et pas seulement des filles...

— Mais pourquoi a-t-il si peur ?

— Tu parles d'une question idiote. Tu le sais très bien, pourquoi. Dans une polyvalente perdue dans un bled pourri comme cette municipalité reculée, vivre son homosexualité en plein jour à quatorze, quinze ou seize ans, c'est comme se promener avec une cible sur le dos en espérant que personne ne vous tire dessus. Tous ces imbéciles qui l'entourent et qui lui lèchent pratiquement les bottes aussitôt qu'il arrive quelque part, ils seraient les premiers à le lapider sur la place publique et à le couvrir d'insultes s'ils connaissaient la vérité sur son orientation sexuelle. Il n'y a pas plus con qu'un gars de quinze ou seize ans. D'ailleurs, toi-même pourquoi as-tu si peur d'afficher ta différence ?

— Je te l'ai dit ! Je ne suis pas gai.

— Bien sûr ! Oh ! Tu pourrais le répéter dix fois que ça ne changerait rien à la réalité. On est ce qu'on est. Je ne vois pas où est le mal à être différent des autres. À mon avis, c'est aussi normal d'être gai dans un monde d'hétérosexuels que ça l'est pour un gaucher dans un monde de droitiers. Est-ce que les gauchers sont des êtres hideux parce qu'ils écrivent de la main gauche dans un monde où tout le monde écrit de la main droite ? Eh bien ! c'est aussi ridicule de croire qu'un homosexuel est un monstre simplement parce qu'il préfère un partenaire du même sexe que lui. Mais admettons que tu n'es pas un gai, comme tu le dis, alors peux-tu m'expliquer pourquoi tu fais tout pour t'isoler du reste de l'humanité ?

— J'ai mes raisons.

— Bien sûr que tu as tes raisons. Et il en faut de solides pour faire ce que tu fais.

— Quoi ? Qu'est-ce que je fais ?

— Tous ces grands airs que tu te donnes, cette manière que tu as de te déplacer comme un robot, le corps droit comme un poteau de téléphone, le regard vide, les bras croisés. Et puis cette manie de te réfugier dans un coin de la cafétéria où personne ne vient jamais, cette façon hautaine de ne jamais regarder personne. Tout ça, tu le fais parce que la présence des autres, le regard des autres te font peur, voilà pourquoi. Tu le fais pour te protéger! Tu le fais parce que tu es différent. Parce que tu ne veux pas que les autres se moquent de toi... Tu as fait une seule exception à cette règle; tu as accepté qu'une personne, une seule, brise cet isolement: mon frère Frédo. Un gai! Pourquoi, hein? Pourquoi?

— Ben, je n'ai pas eu le choix! Il ne m'a pas demandé la permission de s'asseoir devant moi, tu sais.

— Tu aurais pu lui dire que la place était déjà prise. Ou bien, tu aurais pu te lever et partir. Non! T'es resté là et vous avez causé pendant toute l'heure du dîner.

— Je ne suis quand même pas un sauvage.

— Et pourtant tu n'hésites pas à l'être avec tout le monde. Et le lendemain, et le vendredi qui a suivi, tu as encore accepté. Tu t'es même rendu à l'aréna pour le voir jouer. Pourquoi lui et pas les autres? Il doit bien y avoir une raison. C'est certainement parce que tu as découvert en lui quelque chose que tu ne trouvais pas chez les autres. Sinon ça n'a aucun sens.

Il y a un long silence.

Il me semble qu'ajouter une seule autre parole à tout ce que nous venons de nous dire ne ferait que m'enfoncer davantage dans un mensonge qui me répugne. D'ailleurs, cette fille n'est pas comme les autres. Elle lit en moi comme dans un livre ouvert. C'en est presque inquiétant. Alors, je me décide à aborder la situation avec plus de franchise en détournant la conversation vers Frédéric. D'autant plus que, dans cette version des faits que je m'apprête à lui servir, c'est moi qui ai le beau rôle. Je ne suis pas l'agresseur, mais la victime.

— Tu sais, ce n'est pas moi qui ai décidé de ne plus nous revoir. C'est ton frère.

— Je sais ! Il me l'a dit. Il a eu peur. Il craignait que les autres découvrent la vérité à propos de votre relation.

— Mais quelle vérité auraient-ils pu découvrir, grands dieux ?

— Ne fais pas l'innocent, François ! Tu le sais très bien... Frédo a eu peur qu'ils s'en prennent à lui et à toi aussi. Il venait d'y avoir une violente altercation à la table ce midi-là entre lui et Gingras à la suite d'un commentaire insidieux de la part de cet imbécile concernant ta présence à l'aréna. Ce que je peux le détester, celui-là ! C'est un crétin de la pire espèce. Mais ça m'a étonnée tout de même que Frédéric agisse aussi brutalement envers toi. À la maison, il n'a jamais caché son orientation sexuelle. C'est même la cause de toutes les querelles qu'il entretient avec papa depuis plus de trois ans. Remarque, les relations entre Frédéric et mon père n'ont jamais été très bonnes. Je ne sais trop pourquoi. Papa a toujours eu un reproche à lui adresser d'aussi loin que je me souvienne, ses notes à l'école, ses manières à table, son manque de constance dans les efforts scolaires, les copains qu'il fréquente, la propreté de sa chambre, le bruit qu'il fait en mangeant, sa manière de s'habiller. Enfin tout. Je suppose qu'inconsciemment papa avait déjà compris que ce fils ne remplirait jamais tous ses espoirs qui étaient alors les siens d'avoir mis au monde un mâle digne de ce nom. Et plus mon père s'acharnait sur lui, plus Frédéric le provoquait avec des comportements de plus en plus excessifs.

Un soir, c'était quelques mois avant la mort de maman, il y a trois ans, Frédéric a balancé sa vérité, comme ça, au milieu du souper. Une roche dans le chaudron de fondue. « « Je suis gai ! » avait-il garroché, comme ça, en rigolant presque. Moi, je savais. Il m'en avait parlé à plusieurs reprises. Je me rappelle, papa était devenu blême, il avait posé sa fourchette, il avait joint les mains au-dessus de son assiette. Il avait fixé Frédéric droit dans les yeux avec presque de la cruauté dans ce regard. « *Je ne veux plus jamais, tu m'entends, je ne veux plus jamais que tu répètes de telles bêtises devant moi, devant ta mère et surtout devant ta sœur.* » Et puis dans un silence absolu, il avait repris sa fourchette et avait trempé son bout de pain dans la fondue au fromage. Il avait ensuite ajouté, sans prendre la peine de regarder mon frère, « *D'ailleurs comment peux-tu savoir que tu es…* (il n'avait pas réussi à extraire le mot de sa bouche tant il lui faisait horreur) *que tu es ce que tu dis* être. *C'est absurde. Tu as à peine treize ans ! On ne sait pas ces choses à treize ans.* » Et Frédo, d'un air fantasque, lui avait répondu « *Je le sais parce que, quand je me masturbe, c'est des corps de garçons que j'ai dans ma tête. C'est ça qui m'excite.* » La main de mon père avait giclé et claqué comme une masse sur le visage de Frédéric. Lui, il n'avait pas bronché et il avait terminé sa soupe.

Un mois plus tard, alors que nous recevions oncle Jean à souper avec sa femme, tante Isabelle, Frédéric était apparu tout habillé de rose, de la tête aux pieds. Papa avait failli en faire une syncope. Quant à maman, elle avait simplement souri en voyant la tronche indignée de sa belle-sœur et celle réjouie de son beau-frère.

Nous vivions alors à Montréal, dans le nord de la ville. Sur la rue Grande-Allée, une magnifique rue dans la partie ouest d'Ahuntsic. Quand maman est décédée, mon père a fait une violente dépression. Il a laissé son emploi. Puis, un jour, il nous a annoncé que nous déménagions. On s'est retrouvés ici, au milieu de nulle part, sans amis, loin de tout. Ça été une période très difficile pour Frédo et moi. Mon père, tout à son chagrin, n'avait cure du nôtre. Il s'était trouvé un emploi comme chef comptable à la Coopérative agricole des Seigneuries. Même si j'ai beaucoup regretté Montréal, j'espérais quand même qu'ici nous commencerions une nouvelle existence. Que les choses s'amélioreraient entre mon père et Frédéric, mais je me trompais.

Roxanne se tait. À nouveau, un long silence s'abat sur nous.

Je ne sais trop comment réagir. Je suis déconcerté par toutes les confidences qu'elle vient de me faire. Après tout, elle et moi on ne se connaît pas du tout. Alors... ?

— Puis-je savoir pourquoi tu es venue me raconter tout ça ?

— Parce que Frédéric a besoin de toi plus que jamais. Il a raté deux parties de hockey, lui qui n'en a jamais manqué une seule. Il ne mange presque plus, il ne dort presque plus. J'ignore ce qui s'est passé entre vous, ce qu'il t'a dit ou ne t'a pas dit, ce que tu lui as dit ou ce que tu ne lui as pas dit. Mais, pour une raison qui m'échappe, il se sent indigne de toi. Il a peur que tu le rejettes, que tu le ridiculises.

— C'est lui qui t'a dit ça ?

— Non ! Mais je te le répète, entre nous, ce qui ne se dit pas, ça se devine.

— Eh bien ! J'imagine que lorsqu'il aura quelque chose à me dire, il viendra me le dire.

— Il a besoin que le prochain pas, ce soit toi qui le franchisses.

— Les premiers pas, Roxanne, je les ai franchis, il y a deux semaines, quand je me suis rendu à sa table pour lui parler, et ton frère m'a froidement rembarré. J'ai eu l'air d'un vrai con ! Alors, je suis désolé, mais je ne suis plus concerné par tout ça. J'ai mes propres difficultés en ce moment. Les répétitions pour le Concours de piano de Montréal vont tout de travers, et c'est tout juste si mon maître de piano ne m'a pas suggéré de mettre un terme définitif à ma carrière. Je dois me concentrer sur ma musique et sur rien d'autre.

Il y a à nouveau un terrible silence entre nous.

Le regard que Roxanne m'adresse à cet instant on le dirait extrait de la plus froide banquise de l'Antarctique. Ses yeux bleus sont devenus presque noirs tant ils sont chargés de mépris.

— Bien sûr ! TA musique ! TA carrière ! Il n'y a que ça. Les journaux ne parlent que de toi. Du jeune pianiste prodige, celui qui fait vibrer les foules. Mais prends garde que ce talent ne te fasse jamais défaut, car alors tu seras le plus seul des hommes. Je te regarde, François, je te regarde, et ce que je vois, c'est le vide. Tu n'es pas laid, comme tu le crois, non, tu n'es pas laid, tu es éteint. Complètement éteint ! Et un interprète, un concertiste, un pianiste qui a perdu sa lumière n'est plus rien !

Elle s'est levée et elle est partie sans se retourner.

22

Introspection

JE N'EN MÈNE PAS LARGE. L'INTERVENTION DE ROXANNE JUMELÉE AUX PROPOS DÉVASTATEURS DE MON VIEUX MAÎTRE, TOUT ÇA DANS LA MÊME JOURNÉE, A FINI PAR M'ANÉANTIR. Mes deux premiers murs en ont pris un sacré coup. Ils sont lézardés de partout. De grands pans se sont écroulés me laissant presque sans défense derrière le troisième. J'ai bien essayé de les ravauder du mieux que j'ai pu, mais ça n'a rien donné. Je m'étais dit, « Heureusement, c'est la semaine de relâche. Je vais pouvoir reprendre mon souffle. Chez moi, je n'aurai rien à craindre. » J'avais tort. Il n'y a pas mieux que les quatre murs d'une chambre pour vous rendre à moitié fou.

Je m'y suis retrouvé face à moi-même sans rien d'autre à faire que d'admirer le spectacle désolant du désastre que semble être devenue ma vie. Je me suis livré à une auto-analyse douloureuse. Ce genre d'exercice est risqué. On en sort toujours passablement amoché.

L'opération se décline en six étapes d'une durée plus ou moins longue et d'inégale intensité en termes d'émotions ressenties. Tout a commencé, comme il se doit, par bonne séance d'auto-flagellation : la grande confession.

« Votre jeu est sans âme. » « Tu es une lumière éteinte. Et un pianiste qui a perdu sa lumière n'est plus rien. » Ces trois phrases résument à elles seules l'affligeant désert de médiocrité que je suis devenu. Et le pire, c'est que je les mérite. Je ne suis qu'un lamentable vaurien, un minable pianiste de bastringue ! Un être pitoyable, sans envergure ! Je me crois supérieur à tout le monde alors que je ne vaux pas un tas de fiente de musaraigne. Et je mets la merde partout. Slaschhh ! Slaschhh ! Slaschhh ! Trois bons coups de fouet, une pénitence et on en parle plus.

Ahhhhhhh ! Ça va déjà mieux ! Cette étape de l'auto-flagellation est toujours très courte, douloureuse pour l'ego, certes, mais très ramassée dans le temps et elle ne s'accompagne jamais du ferme propos de ne plus recommencer.

Je suis donc passé très vite à la seconde étape de mon auto-psychothérapie : la victimisation. Si vous voulez une description, disons que c'est comme un onguent qu'on met sur ses plaies. Cette étape commence toujours par le mot **MAIS** suivi très vite des mots **PARCE QUE**. Voyez plutôt.

Maître Menaldi et Roxanne ont eu raison de me dire ces choses affreuses, c'est vrai, **MAIS** pas entièrement. Regardez mes murs dans quel état ils sont. S'ils sont à ce point meurtris, c'est **PARCE QUE** j'ai fait ce qu'on m'avait dit de faire. J'ai accepté d'entrer en contact avec le reste du monde. Et regardez le résultat ! Voyez où cela m'a conduit ! Au bord de l'anéantissement ! Je n'ai pourtant fait que ce qu'on m'avait conseillé de faire. J'ai laissé Frédéric envahir mon espace vital. J'ai consenti à marcher de manière plus décontractée. J'ai assisté à un match de hockey à l'aréna. J'ai rencontré les copains de Frédéric. J'ai dîné à la cafétéria chaque midi. J'ai accepté que Frédo et même sa sœur viennent s'asseoir à ma table... En fait, dans tout ça, si on y regarde bien, la victime, c'est moi ! Et c'est à moi qu'on vient lancer la pierre ? Ah ! Mais, pardon ! Et splishhh, splashhh, splouschhh ! Une bonne couche de calamine sur les démangeaisons ! Et là, Bing ! on passe à la phase trois : la déculpabilisation !

Que veut-on de moi ? Que je devienne cet agneau qui se laisse immoler sur l'autel de la vie ? Et au nom de quoi devrais-je m'y résoudre ? Pour que d'autres n'aient pas à le faire ? Pourquoi par exemple devrais-je me soumettre aux reproches de cette chère Roxanne ? Dois-je ouvrir ma veste, déchirer ma chemise, tendre mon fier poitrail au reste de l'humanité en criant « Allez-y ! Tirez ! Je suis la cible, je suis gai ! » Tout ça pour que son cher frérot n'ait pas à le faire ? Pourquoi devrais-je accepter ce rôle alors même que Frédéric s'y refuse ? Et maître Menaldi, qui est-il pour vouloir régenter ma vie ? Qu'a-t-il tant à cacher de sa propre existence pour qu'il exige de moi ce que peut-être il n'a jamais eu le courage d'admettre pour lui-même ? C'est un homme charmant, d'accord, un pianiste d'exception, bravo ! Mais justement ! Qu'est-ce qu'un homme pareil fait dans ce village ? Qu'a-t-il fait de son si grand talent de pianiste pour se retrouver si loin de son Italie natale à donner des cours de piano à un minable comme moi ? Et cette mijaurée de Roxanne pourquoi n'intervient-elle pas auprès de son jumeau homozygote de frère pour qu'il assume sa vérité à lui au lieu de venir me faire la leçon ? Oh non, mon petit monsieur ! Oh non, ma belle ! Je ne serai pas votre étançon ni le porte-étendard d'aucune de vos guerres !

Et hop ! Je monte au quatrième étage de cette longue introspection : la reprise en main de mon destin ! Je me remets à la réfection des murs qui m'ont jusqu'ici si bien protégé. Mes derniers malheurs résultent du fait que je ne les ai pas assez bien entretenus ces derniers mois. Le monde impitoyable a profité de chaque lézarde pour ensuite me prendre pour cible et tenter de m'abattre si lâchement. Nulle faiblesse n'est permise à celui qui veut survivre dans ce monde infâme. Alors, je rapièce, je répare ! Je consolide ! Je recouds le tissu des murailles à grands coups de phrases vides et de lieux communs. *L'enfer, c'est les autres !* Et vlan ! Deux trous de bouchés ! *Ne laisse personne régenter ta vie !* Et splatch ! Une fissure de calfater ! *Tous tes malheurs viennent du fait que tu as laissé les autres envahir ton espace vital !* Et bing, voilà une grosse pierre qui apparaît, la plus grosse, mais la dernière. Il te suffira de la grimper jusqu'en haut de tes deux tours pour que tout retrouve la solidité originale.

Et alors, comme Sisyphe, je tire et je pousse sur la pierre, la grimpe jusqu'au sommet. Elle m'échappe des mains. Elle roule vers le bas. Alors, je reprends, je sue, je m'épuise, mais jamais je n'abandonne. Toujours plus haut, jusque vers le sommet. Et là, à nouveau elle dégringole. Je monte ma pierre qui toujours me glisse des mains. Et je la remonte, inlassablement.

J'ai tiré et j'ai poussé jusqu'à l'abrutissement, jusqu'à la limite de mes forces. Et puis, elle a roulé encore. Mais cette fois avec une telle vitesse qu'elle a enfoncé les deux murs qui se sont en partie écroulés. Je me suis effondré au sommet de ma troisième tour. Devant pareil échec, je reste étonné, puis circonspect, consterné, découragé. Pourquoi mes murs refusent-ils d'être redressés ? Pourquoi le destin s'acharne-t-il à me résister ainsi ? Pourtant, il n'y a pas plus bête qu'un mur… Eh bien, oui ! Il y a plus bête ; il y a celui qui veut les construire !

Alors, tout doucement, j'ai glissé vers le cinquième stade. C'est très certainement le plus douloureux des six : celui où il nous faut reconnaître la vérité.

Nous nous sommes trompés. L'enfer, ce n'est pas les autres ; l'enfer, c'est soi ! Notre enfer, nous le portons en nous. Tout notre enfer ne tient qu'en deux petits mots : la peur ! La peur de ce qu'on est, la peur de nos désirs refoulés, la peur de ce que les autres vont penser, vont dire, vont faire. La peur du ridicule. La peur de la solitude, la peur de s'ouvrir aux autres. La peur de la peur, car la peur est une chose extraordinaire, elle se nourrit d'elle-même et gonfle et gonfle jusqu'à tout confondre en elle. On s'y perd et elle nous perd. Elle nous paralyse, elle nous durcit, elle nous ravage, elle nous détruit.

Alors, on se construit des murs. Plus la peur est grande, plus le mur est haut. Et plus le mur est haut, plus la peur grandit, c'est inévitable ! Il faut bien que l'une justifie l'autre et vice versa. On n'en sort pas. On n'en sort plus. Dès lors, que faire ? Une seule chose : s'extraire de ce cercle vicieux qui nous condamne comme Sisyphe devant son rocher.

C'est seulement après s'être fait cet aveu d'impuissance, ce n'est qu'une fois épuisées toutes les ressources du déni que nous pouvons enfin aborder l'ultime étape de cette introspection : la résurrection.

Pour moi, c'est une illumination, comme si, tout à coup, le ciel s'ouvrait au-dessus de ma tête et comme si le sol disparaissait sous mes pieds. Je me suis mis à voler. Tout est devenu clair. J'aime Frédéric, et Frédéric m'aime. J'aime la musique, et la musique m'aime. Voilà ma vérité ! Et chacune de ces deux parts de moi-même ne pourra jamais grandir sans l'autre, désormais je le sais. J'ouvre portes et fenêtres. Je me remets à respirer. Je descends au salon et je me mets au piano pour la première fois depuis une semaine.

Je sais une chose à présent. Je ne détruirai pas mes murs. J'ai encore besoin d'eux. Je suis trop fragile, trop vulnérable pour m'en défaire. Bien sûr, je ne pourrai pas toujours me protéger derrière ces murailles. Un jour viendra, quand ils auront accompli la tâche qui est la leur, quand ils deviendront inutiles, où ils disparaitront comme ils sont venus. Mais pour l'instant, ils sont mes alliés. Ils sont là pour me protéger. Les deux premiers ne sont d'ailleurs pas bien dangereux pour personne. Ils sont tout aussi fragiles et instables que moi. Le premier, celui qui me protège contre ma laideur, c'est un mur de gélatine. Je passerais vite au travers si je le voulais. Et le second n'est pas bien haut. Il ne tient qu'à moi de l'escalader si je le souhaite. Il n'y a pas grand danger à le faire.

Oh ! bien sûr, il y a le troisième mur, le plus haut, le plus épais, le plus infranchissable des trois. Il est là imposant. Quand je l'observe, il me terrifie. Et pourtant, même si ce troisième mur m'effraie, je sais que je ne veux pas m'en défaire, pas tout de suite, pas maintenant. Car il me protège d'une menace bien plus terrible que la peur qu'il m'inspire. Les jeunes qui doivent affronter la même réalité que la mienne, celle de leur homosexualité, ils sont comme moi, effrayés, déconcertés. Ils savent comme je sais qu'ils sont une proie facile. Le regard des autres peut vous tuer. Dans certains pays, on massacre les gens qui sont de cette facture-là et qui ne se sont pas protégés derrière un mur inexpugnable. Dans certaines régions du monde, on vous martyrise, on vous fouette au sang, on vous enferme dans des hôpitaux psychiatriques, on vous emprisonne. Ici, on vous humilie, on vous ridiculise, les humoristes font leurs numéros les plus applaudis en vous caricaturant. On vous refuse un emploi, on vous refuse un logement, on vous refuse un sourire, une amitié. À l'école, vous êtes la cible de tous murmures, on vous bouscule, on vous frappe, on vous viole et personne n'est là pour prendre votre défense. Alors, on se fait petit, on se cache, on s'isole, on abandonne l'école.

Bien sûr, me direz-vous, ici, les choses ont changé. Et c'est vrai dans une certaine mesure. Mais ce n'est pas vrai partout et ce n'est pas vrai chez tout le monde. Et le plus important, c'est que vous savez, vous, que tout ce qui a changé peut à tout moment changer encore. Il s'agit d'un seul fou quelque part pour que tout soit à refaire.

Alors, ce mur, vous l'entretenez. Chaque peur ressentie, chaque regard qui vous juge, chaque parole chaque geste qui vous blesse dans votre âme et dans votre chair ajoute un étage, une épaisseur à ce mur. Vous vous interdisez le droit d'être ce que vous êtes.

« Non , non ! vous dites-vous. Je ne suis pas un homo. *Mais oui, j'adore les filles. Je vais un jour avoir une femme et des enfants, comme tout un chacun, avec une maison en banlieue, un petit jardin et une voiture. Et je vais vieillir, entouré de l'amour de mes enfants, de mon épouse et de mes petits-enfants.* » Mais vous savez que c'est faux, vous savez que ça n'arrivera jamais.

Alors, un jour vient où l'illusion ne tient plus. Les filles, le mariage, la vieillesse tranquille, ça n'a plus aucun sens. Vous n'êtes pas de cette pâte-là. Vous êtes bel et bien ce monstre que tous pointent du doigt, que la Terre entière au mieux ridiculise, au pire assassine. Alors, un à un, les murs se redressent autour de vous. Celui de la solitude, celui de la laideur, celui de votre homosexualité.

Et puis un jour, un garçon arrive et vous dit : *je t'aime !* C'est le tonnerre qui gronde, c'est le coup de canon tant espéré. Vous vous dites, je ne suis pas seul. Je ne suis pas si laid. L'autre est beau, vous êtes beau, l'autre est grand, vous êtes grand, l'autre est fort, vous l'êtes aussi, il mène une existence normale au cœur d'un monde parfaitement normal. Le premier mur tombe, puis le second. Mais avec le troisième mur, ce n'est pas comme avec les deux autres. Ce troisième mur, l'autre gars, il l'a aussi dressé autour de lui, ce mur. Comment faire grandir l'amour alors que chacun reste dissimulé derrière son propre mur ?

Mais vous l'aimez, ce gars-là. Vous savez que vous ne pouvez vivre sans lui. Et vous savez que pour l'aimer encore plus, il vous faudra bien un jour vous dresser en haut de ce mur et dire au reste du monde : « Assez ! » et dire à l'autre « Je t'aime ! » Parce que vous ne pouvez pas toujours rester planqué derrière votre mur. Parce derrière un mur, il n'y a rien. Pas un brin d'herbe n'y pousse, pas une fleur, pas un buisson ! Il n'y a que la mort. Et vous ne voulez pas mourir. Je ne veux pas mourir. J'ai trop à donner pour mourir, trop à faire pour mourir, trop à vivre pour mourir. J'ai mon piano, j'ai ma musique, j'ai LUI, j'ai Frédéric. Et tout ça fait un tout.

Alors je n'ai pas le choix, si je veux vivre, je dois faire l'unité en moi, accepter d'être tout entier ce que je suis. Me protéger oui, mais pas disparaître. Et pour ne pas disparaître, pour être ce que je suis, j'ai besoin de LUI. J'ai besoin de son amour.

Alors, non ! Mes murs je ne les détruirai pas. De toute façon, ils ne répondent désormais qu'à leur seule volonté. Si je ne suis pas parvenu à les reconstruire comme je le souhaitais, je ne crois pas non plus que je parviendrai à les démolir même si je le voulais. Et d'ailleurs, je ne le souhaite pas. Mes murs sont de vieux amis. Ils m'ont accompagné et ils m'ont protégé dans les pires moments de ma vie. Comment leur tenir rigueur alors qu'ils m'ont été d'une si grande utilité durant toutes ces dernières années ? Ils m'ont fait un peu tel que je suis.

En fait, ce que j'essaie de vous dire, c'est que je ne suis pas sorti de cette semaine de relâche comme j'y suis entré. Pendant toutes ces journées, toutes ces heures, ces minutes et toutes ces secondes, j'ai grimpé le long de la paroi de mon troisième mur. J'ai perdu pied, je me suis écrasé au sol, je me suis relevé et j'ai repris mon escalade. J'ai finalement atteint le sommet. Je ne suis pas encore totalement libéré, mais, au moins, je suis debout. Alors j'ai crié au monde : « Assez ! » et à LUI… à LUI, j'ai dit… j'ai dit…

23

Des portions d'éternité

J'AI DIT « JE T'AIME ! »

Voilà ce que je LUI ai dit en LE tenant serré très fort contre moi. Frédéric a reculé de deux pas. Il m'a regardé, le visage illuminé de bonheur. Il m'a sauté dessus et nous avons baisé comme des bêtes.

Eh bien, non ! Ça ne s'est pas passé comme ça. Rien ne va jamais comme ça. Même dans mes rêves les plus fous, nous ne faisons jamais l'amour. Dans mes rêves, nous sommes tous les deux, nous nous tenons par la main, dans un endroit que je ne connais pas, étendus sur le dos au milieu des hautes herbes fraîches, sous un soleil d'été, près d'une rivière, sous un saule. Voilà ! C'est tout ! Fondu enchaîné, musique douce. Coupez ! Fin de la scène.

Ça ne varie pas. Et cette nuit ne fait pas exception aux autres. Dans mon rêve, nous sommes toujours allongés sous un magnifique ciel d'été à regarder passer les nuages au-dessus de nos têtes. Il fait un soleil éclatant. Il y a que nous deux et nous nous sourions en nous tenant la main. Un rêve sage, presque banal, sans fioritures. Et pourtant, en m'éveillant, j'ai le bas du ventre tout trempé. J'ai éjaculé sans que j'y aie rien eu à faire.

Je me suis levé. Je me suis rendu à la salle de bain. Je prends ma douche. Je déjeune d'un œuf au jambon, deux toasts, café, jus d'orange. Je pars pour l'école. La semaine de relâche est terminée. Il était temps. Je vais enfin pouvoir revoir Frédéric. Nous parler. Je ne sais trop ce que je lui dirai, ni comment je le lui dirai, mais je trouverai bien.

Le retour en classe se fait sous un ciel moche.

En matinée, cours de maths, de français et de physique. J'attends l'heure du dîner avec une impatience grandissante. N'ai rien foutu de bon ni à l'un ni à l'autre des deux derniers cours. Je ne fais que penser à ce que je dirai à Frédéric quand je le verrai.

Je ne l'ai pas vu. Il n'est pas présent à la cafétéria. N'y est pas non plus le lendemain.

Roxanne est absente aussi. De toute la semaine, je ne croiserai ni l'un ni l'autre. Ils ont dû déménager, peut-être sont-ils retournés à Montréal, ou simplement ont-ils changé d'école.

En après-midi, j'ai péniblement repris mes cours de musique. Le cœur n'y est pas. Rien ne va comme je l'avais souhaité. Jeudi soir, j'ai perdu patience avec mon vieux maître. Une violente dispute. Je lui ai dit que la musique, c'était fini. F-I, fi, N-I, ni, fini.

Il a fermé mon cahier de partitions. Il m'a regardé droit dans les yeux. Il s'est levé. M'a zieuté à nouveau.

— Enfin, Monsieur Moshar ! Je sens de l'émotion chez vous. C'est très bien ! Faites-là éclater au bout de vos doigts plutôt qu'à travers votre bouche et ce sera tout simplement sublime ! Nous avons fait un grand pas en avant aujourd'hui. Je suis fier de vous.

Je suis resté complètement sidéré par ses propos. Alors quoi ? Tout ce qu'il lui fallait, à ce vieux bouc, c'est que j'entre en colère et que je lui balance que j'en ai fini avec le piano pour qu'il retrouve enfin le sourire ? Ça ne va pas la tête !

Sa réaction n'a fait qu'accentuer mon exaspération. Je me suis levé et je me suis dirigé vers son bureau. S'il croit qu'il va s'en tirer comme ça ? Un jour il me dit les pires vacheries et le lendemain il me balance pour un rien les commentaires les plus insipides que le monde n'ait jamais entendus. J'en ai ras le pompon ! C'est terminé le temps où je me laissais insulter par tout un chacun, fini le temps où je permettais à n'importe qui de me traiter comme bon lui semble pour ensuite se lever et partir sans aucun état d'âme comme l'ont fait Frédéric et Roxanne ? AH NON ! Le maestro va m'entendre ! Et Roxanne aussi si jamais je la revois, et le beau Frédéric ne perd rien pour attendre !

Je pousse sa porte qui est à moitié ouverte. Maestro Menaldi est assis à son pupitre, le dos bien cambré dans son fauteuil, les mains posées sur son ventre, les lunettes sur le bout du nez. Il me regarde, une moitié de sourire sur les lèvres. D'évidence, il savait que j'allais surgir dans son bureau d'une seconde à l'autre.

— Les Satie, frère et sœur, ne seront de retour à l'école que lundi prochain, me lance-t-il sans prendre la peine de me demander quelles sont les raisons qui m'amènent dans son bureau ni non plus de s'offusquer de me voir envahir son local sans avoir eu la politesse la plus élémentaire de cogner avant d'entrer. Leur père les a emmenés en vacances, prend-il le temps de préciser. Au Mexique qu'ils sont. À Riviera Maya, les chanceux ! Le papa s'est permis d'allonger le congé de mars d'une autre semaine. Il aura au moins eu la décence d'en informer le secrétariat de la polyvalente où je me suis rendu afin d'obtenir cette information pour vous... Vous pourriez me remercier pour tout le mal que je me donne !

Il n'y aura pas de merci tellement je suis abasourdi par la nouvelle.

— Même si je n'apprécie pas qu'on s'autorise ce genre de licence à l'égard de la fréquentation scolaire, poursuit mon vieux maître comme si de rien n'était, je peux cependant comprendre que, dans les circonstances actuelles, la décision du père ne soit pas si mauvaise. Cela donnera le temps à tout le monde de retrouver son calme. Alors, mon cher François, prenez votre mal en patience. Frédéric Satie ne revient que lundi prochain. Si vous voulez mon avis, et même si je n'ai jamais été très attiré par la musique de ce compositeur français, je trouve que Satie est un nom inconvenant à porter par des gens qui n'ont rien à voir avec la musique classique ! C'est un peu choquant.

— Vous êtes décidément un snob invétéré, Maître Menaldi ! ai-je le courage d'articuler au milieu d'un immense sourire où se mêlent le plus vif étonnement au plus grand des soulagements.

Il se met à rire. Il savait. Et bien plus que je ne le croyais. Ce vieux fourbe connaissait même le nom de celui dont je suis amoureux.

Comment s'y est-il pris ? Jamais je n'ai mentionné le nom de Frédéric en sa présence. Comme s'il avait deviné toutes les questions qui se bousculent dans ma tête, il tire une enveloppe du cahier de partitions qu'il avait refermé avant de quitter la salle de cours.

— Mon garçon, quand vous voudrez conserver intacts les secrets qui vous sont chers, évitez de laisser traîner les lettres compromettantes là où un regard indiscret peut les découvrir.

Il sort une feuille de l'enveloppe, la déplie. Je reconnais aussitôt ce bout de papier, et j'en ai les joues rouges de gêne et des sueurs au front. C'est un acrostiche bien maladroit que j'ai inventé avec le nom de Frédéric Satie. Je l'ai écrit ce vendredi-là, à la bibliothèque où je m'étais réfugié après la visite impromptue de Roxanne. Je me rappelle avoir laissé cette enveloppe dans la partition du concerto de Beethoven.

— Vous… Vous l'avez… lu ?

— Vous me pardonnerez cette audace, mon jeune Monsieur. C'était plus fort que moi. Bien sûr, il n'est pas parfait, un peu bancal à certains moments, les É de Frédéric qui deviennent des Ê, mais c'est tout à fait admirable d'abandon, de pureté et de sincérité.

Et sur ces mots, mon vieux maître se met à lire ce gribouillis. Et avec quelle ferveur il le fait !

Froid est le jour passé à t'attendre
Ridicule est l'espoir d'un amour insensé
Être avec toi est ma seule pensée
Doux sourire de toi, un seul mot tendre
Et me voilà comblé, ébloui, conquis
Rien n'est plus beau que ton noble visage
Inégalé est ce regard profond et sage
Comme une fleur posée sur mon cœur alangui
Soleil de mes jours, lumière de mes nuits
Avec tendresse, pose ton corps sur mon corps
Toute vie m'est donnée par ce seul réconfort,
Il faut le dire, pour hier, demain, aujourd'hui
Être à toi pour toujours est mon seul désir

FRÉDÉRIC, quoi d'autre espérer que ta main à saisir.

Le vieux maître me tend la ficelle après l'avoir repliée

— Ne rougissez pas, mon jeune ami. N'ayez pas honte d'être la proie d'un tel amour. Il vous grandit. Il vous humanise. Je voudrais avoir encore l'âge de pareils enfièvrements. Remettez-le sans crainte à celui qui vous l'a inspiré, vous le méritez, et lui aussi.

J'ai mis le papier dans ma poche sans trop savoir quoi répondre. Un doux silence se prolonge quelques secondes. Je vois le visage de mon vieux maître se transformer, se crisper dirait-on. Les rides de son front se creusent. Il se lève et se dirige vers la fenêtre qui fait face à son pupitre. Il s'appuie sur le rebord, bras tendus, le dos légèrement arrondi, la tête enfoncée dans ses maigres épaules. Ses yeux parcourent le paysage de neige qui s'étire en ce début de soirée jusqu'à la lisière de forêt qui cerne la polyvalente. Il est immobile comme absorbé par un souvenir qui semble le bouleverser. Quand il reprend, sa voix est presque méconnaissable de douceur et d'écho lointain.

— J'ai aimé moi aussi, il y a très longtemps, un homme. Nous étions très jeunes, la douce vingtaine. C'était à une tout autre époque où de telles passions devaient rester secrètes à défaut de quoi elles pouvaient vous conduire en prison, parfois même dans un asile d'aliénés. Dans l'Italie de cette époque, on ne badinait pas avec ce genre de déviance…

Ni son nom ni son visage ne se sont jamais effacés de ma mémoire. Il s'appelait Émilio. Il était si beau, si tendre ! Comme bien des histoires pareilles à la nôtre, celle-ci a été découverte et cela a fait un scandale sans nom dans le village de Soriano, en Calabre où nous habitions. Il lui a fallu partir dans la précipitation sans quoi son père l'aurait sans doute tué à coups de marteau comme c'était souvent le cas à l'époque. Il a quitté ma vie sans que je fasse rien pour le retenir et sans que j'entreprenne jamais aucune démarche pour le joindre. Je ne sais pas ce qu'il est devenu... C'est à cette même époque qu'a pris fin ma carrière pianistique qui s'annonçait pourtant prometteuse... Peut-être aurais-je dû insister, m'enfuir aussi, le chercher où qu'il soit, le retrouver. Je n'aurais pas tout perdu. Nous serions peut-être encore ensemble aujourd'hui. Mais, très franchement, j'en doute. Cet amour était condamné à dispparaître un jour ou l'autre.

Ne commettez pas la même erreur, Monsieur Moshar. Vous le regretterez toute votre vie. Vous vivez dans une époque où de telles passions ont une chance d'aboutir pour peu que vous vous y accrochiez. Nourrissez-vous de chaque instant passé avec lui. Ces morceaux de temps sont si courts qu'on les croit éphémères. Pourtant, ce sont des portions d'éternité. Car l'éternité, mon garçon, l'éternité, qu'est-ce donc sinon une suite ininterrompue de moments éphémères !

Je suis sorti sans faire de bruit. J'étais bouleversé.

Je ne voulais pas pleurer devant mon vieux maître.

24

Clair de Lune

Lundi 12 mars, 11 heures, à la cafétéria

LE LUNDI SUIVANT, JE SUIS LÀ À L'ATTENDRE, COMME UN COQ SUR LA BARRE DU JOUR. Mon maître qui me sait impatient de rejoindre Frédéric a feint une rencontre urgente pour terminer la leçon de piano une demi-heure plus tôt que prévu, si bien que je suis déjà installé à la cafétéria quand la masse des élèves s'y présente. À la même table toujours, un peu en retrait de la salle, loin des fenêtres. Je le vois venir. Comme à l'accoutumée, Frédo est accompagné d'une ribambelle de copains, garçons et filles, qui lui tournent autour comme des mouches autour d'un pot de miel. Sa sœur est là. Elle m'adresse un regard pas très engageant et ne me salue pas. Frédéric passe à son tour. Contourne ma table sans se retourner. Il sent le soleil. Mon Dieu qu'il est beau ! Le corps cuivré par un bronzage que rehausse sa longue chevelure dorée et bouclée et ses yeux d'un bleu azur.

Je les vois s'installer à la grande table au centre de la cafétéria comme si cette table leur était réservée en permanence. Les éclats de rire et les tapes dans le dos se succèdent dans un joyeux vacarme.

Je suis déçu, triste et humilié. Je sais que Frédéric m'a vu, mais il n'a même pas eu la délicatesse de m'accorder la moindre attention ni le plus petit regard. Il est passé en faisant naître un courant d'air frais où s'est mêlé un parfum de soleil que j'ai décelé sur son passage. Un moment, je crois que je vais éclater en sanglots. J'ai le cœur qui me remonte dans la gorge.

L'enveloppe blanche est posée là près de mon assiette. Elle contient une copie finement calligraphiée de mon poème, que j'ai pris le temps de corriger en ajustant les rimes pauvres. C'était mon cadeau pour LUI. Mais IL est passé sans s'arrêter, sans prononcer un mot, sans même baisser les yeux vers moi.

En un instant, je suis redevenu celui que personne ne voit. Le MUR, mes MURS seraient-ils donc toujours aussi solidement installés autour de moi, qu'ils m'isoleraient du reste du monde au point de me rendre invisible ? Moi qui croyais les avoir domptés ! Il faut croire que non ! Je dois quitter ce lieu avant que je n'étouffe. L'air me manque, les yeux me chauffent, mon cœur, mon pauvre cœur bondit dans ma poitrine comme s'il cherchait un endroit où cacher sa peine.

J'entends un brouhaha autour de la grande table. Ils sont tous allés se servir au comptoir où déjà attendent en ligne une centaine d'élèves. J'en profite pour prendre mes affaires. Je me lève, me retourne, prêt à sortir au plus vite de cet enfer. IL est là devant moi. Si près que nous nous touchons presque. IL sourit. Avec une douceur infinie, il lève la main et essuie les larmes qui coulent sur mes joues.

— Viens ! me dit-il. Ne restons pas ici.

Nous nous sommes réfugiés dans la salle de répétition au centre de laquelle trône mon piano. Là, nous nous enlaçons pendant de longues minutes, en tournant sur nous-mêmes, debout, comme si nous étions pris dans une valse frénétique qui n'allait plus jamais s'arrêter, sans rien nous dire, sans oser nous embrasser comme si tout cela pouvait attendre un autre lieu, un autre temps. Profiter de ce moment unique, de cet instant sacré. À nous regarder, à nous caresser le visage du bout des doigts comme le feraient deux aveugles qui chercheraient à mémoriser chaque parcelle de nos visages trempés de larmes. Quand nous nous calmons, je lui tends l'enveloppe. Il s'assoit sur le banc de piano. Il lit et relit avec moi à ses pieds. Il tient ma main dans la sienne, il lit comme s'il buvait chacun des mots tracés sur ce papier parcheminé. Puis il baisse les yeux vers moi.

— Joue pour moi, me demande-t-il alors. Joue pour moi tout seul.

Je me lève. C'est à son tour de s'asseoir par terre devant moi. Il entoure le pied du piano de ses grands bras, ses mains caressant le bois du coffret du clavier. Il y a bien des manières de s'offrir tout entier à l'être qu'on aime. De jouer pour lui en cet instant unique est certainement la plus merveilleuse façon de le faire. Lui par son extase à m'écouter jouer, moi par le soin et l'application que je mets à interpréter pour lui la sonate *Clair de Lune* de Beethoven.

Quand la dernière note s'éteint, il enlace mes jambes de ses mains, pose son front sur mes genoux.

— J'avais si peur de t'avoir perdu, a-t-il la force de murmurer dans un long soupir où s'évanouit un dernier élan de désespoir.

Si notre vie fut longue et pleine de moments exceptionnels, je ne crois pas me tromper en affirmant que ce fut là, certainement, le plus merveilleux de tous.

25

Il commence à faire froid où c'est humide

FRÉDÉRIC EST RETOURNÉ À SON HOCKEY ET MOI À MON PIANO. La saison de hockey touche à sa fin. Lui et ses camarades participent au tournoi provincial. Ils se rendent en finale qu'ils perdent de justesse. Mais mon jeune héros s'en tire tout de même avec les honneurs. Il compte les trois buts de son équipe dans une défaite crève-cœur de 4-3 après une période de prolongation. J'assiste à son triomphe. Il est nommé la première étoile du tournoi et sa photo se retrouve en page couverture du journal local sous le titre: *Un futur Guy Lafleur ?*

Quant à moi, j'ai repris mes leçons de piano bien loin du tapage et du grabuge qui constituent le quotidien des gens qui mènent une vie normale. Le travail est de plus en en plus exigeant, car le maestro intervient désormais sur des détails de plus en plus précis. Heureusement, mes progrès sont indéniables et nous sommes bien plus loin que là où nous les avions laissés le vendredi précédant la semaine de relâche. Même mon maître, pourtant avare de compliments, ne peut s'empêcher de le souligner, non sans y ajouter ce bémol.

— C'est excellent ! Votre jeu, Monsieur Moshar, est à la hauteur de l'œuvre. Tout y est, la technique, le phrasé, le souffle et surtout l'émotion. L'ÉMOTION ! Ce diésel de l'âme ! Le concours de Montréal, ce n'est que dans deux mois et demi. Certaines touches ne sont pas encore tout à fait assez énergiques. Nous allons laisser mûrir tout ça. Nous reviendrons à Beethoven fin mai… Il nous reste cependant une étape cruciale à franchir, celle de la maturité. Les progrès que vous avez enregistrés, nous savons à quoi ils tiennent. Il vous faut maintenant faire un transfert. Vous ne serez pas toujours dans un tel état de béatitude, Monsieur Moshar. Vous êtes encore beaucoup trop dépendant de vos propres ivresses. Il faut que vous appreniez à faire confiance à la musique. Servez-vous, nourrissez-vous de la musique, de ce qu'elle vous transmet de ses émotions et vous n'aurez plus à faire appel à vos humeurs. Ainsi, en tout temps et en tout lieu, vous serez disponible à la musique.

Nous consacrons les deux semaines suivantes à la préparation des douze concerts qui sont à mon programme l'été prochain. Je dois, entre autres, intégrer à mon répertoire, le premier concerto pour piano de Nicholaï Metdner, une œuvre et un auteur méconnus, mais intéressants. C'est une commande de l'orchestre Mariinsky de Saint-Pétersbourg avec lequel je dois jouer au festival d'Athènes en août prochain. C'est le centenaire de la création de cette œuvre. Ceci explique cela. Une œuvre assez difficile, un peu trop piochée à mon goût par endroits, mais d'un romantisme russe déluré. On s'entend pour une interprétation du prélude plus nuancée que celle qui est habituellement proposée. Énergie, certes, mais retenue dans le bling bling.

Quant au couple que nous formons, Frédéric et à moi, nous profitons de chaque instant que nous grappillons à nos quotidiens trop bien remplis pour nous ménager des moments d'intimité. Chaque fois que nous nous retrouvons donne lieu à un moment unique que nous savourons avec allégresse et douceur. Amours, délices et orgues, comme auraient dit les amants de jadis. Eh bien, pas tout à fait, non ! Amours, indubitablement, délices, peut-être avec mesure, mais orgues, certainement pas. Les orgues réfèrent trop à celles du mariage, aux grands serments, aux promesses d'éternité. Il n'y a rien de tout ça entre nous.

D'ailleurs, maintenant que j'y repense, entre Frédéric et moi, et d'aussi loin que je me souvienne, il n'y a jamais eu de ces tirades alambiquées ni de serments enflammés. On s'est toujours satisfaits du moment présent. D'être heureux ensemble nous suffisait, et chacun s'est attaché à faire en sorte que ce bonheur se prolonge dans chaque geste du quotidien. Il en est ainsi de ces premières semaines. Nous nous contentons d'être bien, d'être à l'aise l'un avec l'autre, sans rien brusquer.

D'ailleurs, il nous faut bien l'admettre, ni Frédéric ni moi n'avons d'expérience en matière amoureuse. Alors, on apprend doucement, sans rien précipiter. Nous sommes un peu gauches, maladroits dans la manière que nous avons de nous embrasser, toujours par petites touches, sans pousser trop loin l'aventure amoureuse. On se réserve. On se retient.

Il n'est certainement pas question que nous nous lancions des défis qui nous conduiraient dans une impasse faute d'un lieu idoine, d'un moment propice, d'un consentement sans équivoque de l'un et de l'autre. Bref, la sexualité, bien que présente jusqu'au bout de nos capillaires, n'est pas encore ce qui fait le sel de notre relation. La chose me fait même un peu peur, comme si je me demandais : « *Que va-t-il advenir de nous ensuite ? Après que nous aurons fait l'amour, que nous restera-t-il ? Cet abandon sexuel, sera-t-il le début d'une chose et la fin d'une autre ? Et si tel est le cas, ce sera la fin et le début de quoi ? Serons-nous assez matures pour négocier ce tournant de nos vies sans tout y sacrifier ?* » Je crois d'ailleurs que Frédéric est confronté à de semblables hésitations et aux mêmes questions.

Alors, pendant ces trois semaines, rien ne se passe sur le plan sexuel, bien que le désir d'y venir grandisse de jour en jour. Mais pour l'instant, il n'est certes pas dans nos intentions d'y céder trop vite. Et surtout, nous ne formons certainement pas le dessein que ce premier échange se fasse à la va-vite dans un coin sordide ou au fond d'une ruelle sombre. Le cadre devra participer à ce moment pour lequel nous nous réservons.

Mais nous ne sommes pas faits de bois.

Ce soir, nous nous promenons dans le boisé Chiasson sur un sentier qui mène vers le calvaire érigé au sommet de la colline. Nous sommes seuls. C'est un soir sans lune, des milliers d'étoiles, un petit froid de fin mars aigrelet. Frédéric s'arrête en plein milieu de la montée, me tire à lui, m'enlace de ses grands bras.

— Dis-moi que tu m'aimes ! me demande-t-il les yeux brillants de désir.

Une bourrasque survient qui le fait frissonner. Je le regarde. Je lui dis *je t'aime*. Il baisse son beau visage vers moi, colle ses lèvres sur les miennes et nous nous embrassons. Pour la première fois, ma main frôle son sexe. Une grosse bosse sous son pantalon.

— Mais, tu es tout dur ! ne puis-je m'empêcher de souligner en souriant.

Il me regarde un peu mal à l'aise.

— Je n'y peux rien. Quand nous sommes comme ça, tout proches l'un de l'autre, c'est toujours comme ça. Bon, j'essaie que ça ne paraisse pas, mais... Mais décolle-toi et surtout retire ta main, sinon, c'est l'éruption. Et je ne tiens pas à marcher sous ce froid avec un caleçon trempé.

J'éclate de rire sans pouvoir m'arrêter.

— Mais pourquoi tu ris ? C'est vrai, tu sais. Quand nous nous collons l'un contre l'autre… Tu n'as jamais remarqué ? ... Mais qu'est-ce que j'ai dit de si drôle ?

— C'est pas ce que tu as dit qui me fait rire. C'est juste que, pour moi, c'est trop tard.

— Quoi ? Tu… Tu…

— Oui !

— Petit vaurien ! me lance-t-il en m'attrapant par le capuchon de mon manteau. Tu te fais des petits plaisirs à mes dépens !

Et il me balance dans le banc de neige le plus près. Il roule sur moi et moi sur lui en nous lançant de la neige. Nous y barbotons quelques secondes. Puis nous nous arrêtons brusquement. Je suis par-dessus lui. Je retire la neige de son visage. Je le regarde un long moment.

Il murmure : *je t'aime, François !*

Je murmure : *je t'aime Frédéric !*

Un merveilleux silence, puis…

— Ça commence à faire froid là où c'est humide ! que je déclare au milieu d'un nouvel éclat de rire. Il faut que nous rentrions. Le calvaire, ce sera pour une autre fois. Je dois prendre une douche, me changer et j'ai mes devoirs de chimie à faire.

Et c'est ainsi que, le temps s'adoucissant un peu plus, les journées s'allongeant et notre amour s'affirmant avec une clarté de plus en plus certaine, nous arrivons au congé pascal.

Troisième mouvement

(Grave e vivace con molto)

26

Des Pâques tardives

FRÉDÉRIC EST DÉJÀ ASSIS À LA TABLE QUE J'OCCUPE QUAND J'ARRIVE À LA CAFÉTÉRIA. PAR LES TEMPS QUI COURENT, NOUS DÎNONS SOUVENT ENSEMBLE, CAR C'EST L'UN DES RARES MOMENTS QUE NOUS AVONS POUR NOUS RENCONTRER, LUI ET MOI.

Remarquez, il ne vient pas me rejoindre chaque midi. Il consacre un peu de temps à ses autres copains question de ne pas trop éveiller les soupçons sur la liaison particulière que nous entretenons. On s'est tout de même entendus sur un point : jamais les ragots de cafétéria ne nous empêcheront de vivre notre relation avec la liberté que nous souhaitons. Mais, tant que faire se peut, nous avons décidé de ménager la chèvre et le chou. Même si nous nous aimons, le reste du monde continue d'exister, et l'amitié, la camaraderie et le simple bon voisinage méritent aussi que nous nous intéressions à eux.

Il est quand même rare que Frédéric soit présent à la cafétéria avant moi et qu'il s'installe seul à ma table. Habituellement, pour ne pas dire toujours, c'est moi qui suis là avant lui. Il arrive, essoufflé la plupart du temps, souriant, il s'assoit, nous mangeons et nous allons du côté de l'école de musique pour lire, ou parler, ou écouter de la musique. Parfois, il ne fait que passer, me fait un signe de la main et une petite grimace, puis il se rend à la grande table du centre pour y rejoindre son groupe d'amis.

Mes relations avec Roxanne se sont beaucoup réchauffées depuis notre première rencontre. Elle est tout à fait ouverte au couple que nous formons, son frère et moi. Souvent, quand elle voit que Frédéric est occupé à la grande table, elle vient partager mon heure de dîner. Invariablement, elle me demande de l'amener à la salle de répétition. Et là, elle s'assoit sur une chaise près du piano et elle me demande de lui jouer du Chopin, du Debussy, du Brahms. Elle adore la musique et communique à travers elle bien plus allègrement que ne le fait Frédéric. Nous y passons de bons moments en discussion sur divers sujets. Elle est devenue la confidente de nos amours, notre protectrice, en quelque sorte. Sa présence assidue à mes côtés aura contribué pour une part non négligeable à faire taire les insinuations désagréables de cette engeance perfide que sont les commérages de ceux et celles, encore trop nombreux hélas! qui se font un devoir de casser du sucre sur le dos de ceux qu'ils considèrent comme des déviants sexuels, des pédés et autres fifis. Quand nous revenons du côté de la polyvalente, dans les couloirs ou à la cafétéria, là où se trouvent rassemblés tous ces crétins, elle fait exprès de replacer ses cheveux, de corriger sa tenue vestimentaire pour donner le change, pour donner l'impression à ces imbéciles qu'elle et moi partageons autre chose que de simples émois musicaux. Ceci explique sans doute que ni Frédéric ni moi n'avons jamais eu à supporter l'odieux de propos homophobes. J'étais tout bonnement, aux yeux de tous, l'ami de Frédéric et le petit copain de Roxanne. Et si certains se sont risqués tout de même à quelques commentaires déplaisants, Frédéric s'est vite occupé de les leur faire ravaler.

Ainsi, ce mercredi midi, Frédéric est assis à ma table. Il sourit comme à son habitude. Frédéric sourit tout le temps. Nous sommes à deux jours du long congé pascal, le 9 avril pour être tout à fait précis. Et bien que Pâques soit plutôt tardif cette année, cette fête se déroulera dans un contexte hivernal. Le printemps refuse de s'installer. On a eu droit à une superbe giboulée qui a recouvert tout le paysage d'un trente centimètres de nouvelle neige. Le froid persiste, - 4⁰ ou - 5⁰ C, le ciel reste bouché, des nuages, gris, lourds et bas, si bien que rien n'a fondu. Et on annonce une autre tempête pour samedi, 40 centimètres avec des vents violents. Misère !

— Ça te dirait qu'on passe la journée ensemble, vendredi ? me demande Frédéric d'un ton enjoué sans même me laisser le temps de m'asseoir. J'ai la maison à moi tout seul pour toute la fin de semaine.

J'ai regardé Frédéric avec de grands yeux étonnés. Ça m'a fait *Boum ! Pop !* dans l'estomac.

Et il se met à m'expliquer tout le scénario.

— Hier soir, au souper, j'ai dit à papa que je désirais rester ici plutôt que de descendre à Montréal pour Pâques comme c'était prévu. J'ai pris comme prétexte que je voulais profiter de la longue fin de semaine pour réviser mes maths.

— Ben, c'est pas trop tôt, a renchéri ma sœur en me décochant un clin d'œil complice. En maths, t'es un vrai désastre sur deux pattes ! Tiens ! Tu devrais demander à François Moshar de t'aider, a-t-elle ajouté d'une voix enjouée.

— Ce nom me dit quelque chose, a fait mon père en me regardant.

— C'est le jeune pianiste de concert que nous sommes allés voir le printemps dernier au PEP, a précisé Roxanne en mordant dans sa tranche de pain.

— Je me rappelle, oui ! Un merveilleux pianiste, a admis papa… Et c'est un garçon sérieux ?

— Alors là, si lui ne l'est pas, personne ne l'est, a rétorqué Roxanne. À son affaire, poli, gentil, et tout. Et puis c'est un crack en maths.

— Tu connais ce garçon ? m'a demandé papa d'un air un peu étonné.

— Ben… oui… ai-je répondu avec un peu d'hésitation. Bien sûr, il est en enrichi et moi au régulier. Mais en début d'année jusqu'à Noël, on était dans le même cours de maths. C'est vrai que c'est un bon copain. On dîne parfois ensemble. Si je le lui demande, je suis certain qu'il acceptera de m'aider. Parce que là, le prof m'a fait comprendre, que si je ne faisais rien, je risque d'échouer à ce cours-là aussi.

— C'est vrai papa, s'il continue comme ça, Frédo va couler ses maths. C'est pas possible !

Papa nous a regardés, Roxanne et moi, et il a soulevé les épaules.

— Tu as raison. Je suis fier de toi, Frédo ! Je suis heureux que tu reprennes tes études au sérieux… Après tout, on n'est pas obligés de monter à Montréal. Ce n'est pas comme si c'était Noël ou le jour de l'An. Et puis on annonce une tempête pour samedi. Non ! C'est préférable de rester ici. C'est plus sage et aussi plus prudent. Je vais appeler votre oncle Jean et lui expliquer la situation.

— Ah non ! s'est empressée de se lamenter ma sœur en constatant que le plan que nous avions concocté était en train de faire naufrage. Je ne vais pas être punie à cause de Frédo. C'est vrai quoi. Y'a rien à faire ici. Avec ma cousine Éloïse, on avait prévu d'aller magasiner dans les boutiques du centre-ville et de visiter le Musée des beaux-arts.

— En pleine tempête ? s'est étonné papa.

— Y'a le métro à Montréal ! On peut traverser la ville du nord au sud et de l'est à l'ouest sans jamais mettre le nez dehors. Un mois qu'on a planifié notre fin de semaine, Éloïse et moi. Et puis, la tempête ne va pas atteindre Montréal, qu'ils ont dit à la télé.

— Mais je ne veux pas voyager en pleine tempête ! a objecté papa.

— On n'a qu'à partir avant le souper de vendredi. Tu reviens de travailler et on part tout de suite. On soupera en chemin. Comme ça on va éviter la tempête de samedi… Ah ! Papa, dis oui, dis oui, dis oui ! »

— Et papa a cédé. Voilà ! J'ai la maison à moi tout seul ! Qu'est-ce que tu en dis ? C'est super, non !

Il y a un petit silence. Je ne sais trop quoi répondre. Bien sûr, la perspective de me retrouver seul avec Frédéric toute une fin de semaine ou une partie de la fin de semaine n'est pas pour me déplaire. Ça m'excite même. Mais en même temps, ça m'inquiète un peu. Je ne suis pas tout à fait inconscient de ce qui risque de se produire. Pour l'instant, notre relation n'a jamais été aussi belle, aussi stable, aussi douce. En nous aventurant sur le chemin tortueux de la sexualité, ne risque-t-on pas de tout bouleverser ?

— Ben, je ne sais pas trop, je dois m'exercer au piano. Je l'ai promis à maestro Menaldi. Il y a les pièces au programme pour le concours de piano et les autres pour mes concerts de cet été. Il y a entre autres le concerto de Medtnev qui me pose de sérieux problèmes.

— Mais une journée, ce n'est pas la fin du monde !

— Pour toi, non ! On voit bien que ce n'est pas toi qui vas devoir la jouer, cette maudite partition.

— Mais tu disais qu'elle était facile !

— En musique, ce qui paraît facile au premier abord s'avère souvent extrêmement exigeant. Si je ne pratique pas chaque jour, je n'y arriverai jamais.

— Tu pourrais venir en après-midi. Comme ça, ça te laisserait tout l'avant-midi pour le piano. Tu n'es quand même pas attaché aux pattes de cet engin par de grosses chaînes... Je te présenterai à papa. Je lui dirai que nous allons en profiter pour rattraper mon retard en maths. Si tu veux, tu pourras dormir à la maison.

Et nous y voilà !

Je regarde Frédéric un court instant. Je souris, mais en dedans de moi, ça gargouille de plus belle. Je me tortille sur mon banc.

— Tu sais très bien ce qui risque de se produire si nous passons la nuit ensemble. Nous ne sommes pas faits de bois.

— Je t'aime, François, et tu m'aimes, non ?

— Oui ! Bien sûr que je t'aime ! Justement…

— Alors, je ne vois pas où est le mal. Un jour ou l'autre nous y viendrons.

— Je sais ! Mais s'il y a une chose dont je n'ai pas besoin actuellement, c'est bien d'un séisme émotionnel. Le concours approche, ce n'est pas le moment de tout remettre en jeu pour une expérience hasardeuse et peut-être un peu précipitée.

— Très bien ! Je comprends ! a fait Frédéric en modifiant sa position. Nous avons une chambre d'amis. Tu y dormiras. Qu'en dis-tu ?

J'ai secoué la tête en esquissant un large sourire. Je sais bien que je vais dire oui, chambre d'ami ou pas. Je sais bien que j'en ai envie depuis des mois et des mois. Je sais aussi que le moment n'est peut-être pas le plus judicieux, mais que c'est le moment.

— On se fera livrer une bonne pizza de *chez Augusto*, insiste Frédéric dans un élan d'enthousiasme quasiment puéril. On ouvrira une bouteille de vin. On écoutera un film, ou de la musique, on passera toute la nuit à refaire le monde, juste toi et moi.

— En se gueulant de chambre en chambre ? Et puis, il me semblait que c'était pour rattraper ton retard en maths, flibustier !

— Un petit mensonge n'a jamais fait mourir personne… Allez ! Dis oui ! Tu couches dans la chambre d'ami à l'étage et moi dans la mienne au rez-de-chaussée. Tu peux même barrer ta porte. Et puis, le plancher de l'escalier craque, un vrai système d'alarme. Tout un plancher et un long escalier craquant nous séparent. Tu vois ! Il n'y a aucun danger que je te viole.

— Imbécile ! que je marmonne en souriant toujours.

— Et puis, le samedi, on pourrait aller chez toi…

— Pas sûr que tu apprécierais. Mon grand-père monte exprès de New York. Et lui, je t'assure, ce n'est pas le plus drôle des hommes ! Un grand chef d'orchestre peut-être, un maestro, mais un être humain exécrable. Même ma mère n'arrive pas à le supporter.

— On restera à la maison, alors. On sera tous les deux. Papa et Roxanne ne rentrent qu'en milieu de soirée lundi. On a tout notre temps et toute la maison.

— Et mon piano !

— Ben, on fera des allers-retours.

— Dans la tempête ! Je demeure à l'autre bout du village. À trois kilomètres. Avec la neige, le vent, la poudrerie, le froid…

— Et le cancer, l'hypertension artérielle, la malaria, la peste, la fièvre jaune, la gangrène, le risque d'un accident vasculaire cérébral ! On peut tout y mettre si tu veux ! À ce compte-là, si on envisage tout par le pire bout de la lorgnette, on ne fera jamais rien !

Il se tait. Il n'est pas fâché, n'en a pas l'air en tout cas. Il boude simplement. Il boude comme un gamin à qui on viendrait de retirer son jouet préféré. J'avoue que je viens de jouer les éteignoirs. On dirait grand-père. Ce vieux bonhomme détestable a toujours l'argument à la bouche pour vous démolir les aspirations, les commentaires, les opinions d'un tiers, quel qu'il soit. Alors, à nouveau, je souris.

27

La tempête

— Ciel ! Mon mari !

Une réplique qu'on entend souvent dans les mauvaises comédies de boulevard et dans la moitié des pièces de Feydeau. Moment cocasse où le drame appréhendé vire à la farce facile. *Ciel ! Mon mari !* crie la femme adultère à son amant qui est pris dans le lit de sa maîtresse. *Ciel ! mon mari ! Vite, cache-toi sous le lit. Vite, dans l'armoire ! Vite, sors par la porte du balcon.* Que ne les a-t-on pas entendues, ces lignes grotesques, ces reparties éculées !

Mais dans la vie, ça ne se passe pas comme ça du tout. Du drame, on ne passe pas non plus à la farce. Non ! Du drame, on passe à la tragédie ! Parce que, dans la réalité, dans la vraie vie, forcément on n'est pas dans une pièce de théâtre, on ne se trouve pas au cœur d'un roman de bastringue où tout se déroule selon la volonté de l'auteur. Non, dans la réalité, quand vous êtes **surpris**, il n'y plus de préfixe **sur** au mot surpris, il n'y que le substantif, **pris.** Car indubitablement, vous êtes **pris**. Il n'y a pas d'échappatoire, pas de dessous de lit, pas d'armoire ni de porte dérobée. Il n'y a rien.

Nous sommes vendredi de la semaine pascale. Depuis mercredi, il fait un temps superbe. On dirait que le printemps a enfin emprunté le chemin du retour. On entend la neige fondre sous nos pieds. Les rigoles se sont formées le long des trottoirs. Le ruisseau près de la maison s'est remis à gargouiller. Deux jours de soleil et de temps doux (plus de dix degrés centigrades) ont suffi pour dégager le pied des arbres et les bordures des solages. La tempête qu'on nous annonçait, personne n'y croit plus. Il fait trop beau. Nous sommes au milieu d'avril après tout. Dans moins de vingt jours, nous serons en mai avec les tulipes, les jonquilles, les lilas, les pelouses vertes.

Je me suis mis au piano de neuf heures trente à midi et demi. Même en me laissant guider par les nombreuses indications du compositeur tout du long de la partition, même si je m'efforce de suivre tous les conseils de mon vieux maître, je me perds. Je me suis fourvoyé pas juste un peu avec ce Medtner ! Sa musique est complexe et dense. Les passages sont énergiques et capricieux. J'ai sué sang et eau à vouloir rattraper un sol grave dans un croisement de mains extrêmement exigeant sans y parvenir une seule fois correctement. C'est à se buter la tête contre un mur de briques. J'ai refermé le couvercle du clavier de méchante humeur. J'ai dîné d'un sandwich au jambon et d'un verre de jus d'orange. Je me suis habillé et je suis parti.

Je suis arrivé chez Frédéric vers les quatorze heures trente. Deux valises traînent près de la porte. Bisou de Roxanne, gros câlin de Frédéric. Pendant les deux heures qui suivent, on a vraiment et sérieusement potassé les maths. Et puis le père est rentré de son travail. Cinq heures. Un homme âpre au regard rébarbatif sous ses lunettes à épaisse monture noire. Ne répond pas à mon « Bonjour, monsieur Satie. » Je n'ai pas l'air de lui plaire. C'est le genre d'individu que le reste du monde semble laisser indifférent. Il n'a pas la beauté de ses deux enfants ce qui me permet de croire que Frédéric et sa sœur Roxanne ont dû hériter des traits de leur mère. Ils doivent aussi en avoir tiré l'essentiel de leur caractère, quoique, dans le regard du père, je reconnaisse un peu celui de la fille quand celle-ci n'est pas d'humeur à vous aimer comme j'ai pu le constater à quelques reprises, même si ce n'est plus le cas depuis que ma relation avec Frédéric s'est affirmée.

Le père et la fille ont quitté la maison vers dix-huit heures vingt. Le ciel est à moitié bouché par les premiers nuages gris qui se sont amenés sur la pointe des pieds. Finalement, la neige annoncée va peut-être se mettre à tomber plus tôt que prévu.

On se retrouve seuls, Frédéric et moi. Pas mécontents que le père et sa fille aient quitté les lieux. Cet homme a vraiment quelque chose de désagréable dans le regard, une sorte de fluide malsain qui contamine tout ce qui se trouve à proximité de sa personne. L'air s'est fait plus léger depuis que la porte s'est refermée derrière lui.

On révise les maths dans la cuisine une petite heure encore. Dehors, la neige s'est mise à tomber tout doucement. On décide de se rendre *chez Augusto* au lieu de se faire livrer la pizza à domicile. Au retour, le vent s'est levé et la neige qui, tantôt, tombait en gros flocons bien gras, commence à prendre l'allure d'une véritable tempête. On n'a pas fait la moitié du chemin qui nous sépare de la maison que soudain le vent se lève avec une violence inattendue. La neige voltige autour de nous. On ne voit pas à dix mètres devant soi. Pas un chat sur la rue. Pas de voitures sur la route

173 qui traverse la municipalité. On fait le reste du chemin presque à reculons tellement les bourrasques nous fouettent le visage. Des vents à plumer une poule. On est rentré en riant. On a mis un film sur l'écran 50 pouces : le 6e volet de *Stars Wars*.

Et puis… et puis… Ben voilà ! Je n'ai pas dormi dans la chambre d'amis comme c'était prévu. Nous savions bien, Frédéric et moi, que je ne coucherais pas là… On a pris une douche chacun son tour. On s'est mis au lit vers dix heures et demie. On a d'abord parlé sous le chaud édredon, on a rigolé, puis il y a eu ce silence, nos corps qui se sont rapprochés, nos mains se sont attachées les unes aux autres comme si elles ne savaient rien faire d'autre. Nos respirations se font lentes, s'ajustent l'une à l'autre. On se regarde longtemps dans la pénombre en se demandant qui allait poser le premier geste et quel serait ce geste. Dehors, la tempête fait rage, le vent siffle dans les branches du gros érable de la cour arrière. Puis l'orage, la tempête, c'est aussi en nous qu'elle s'est faite.

Nous nous défaisons du reste de nos vêtements. Nos corps se rapprochent, se nouent l'un à l'autre. Il nous faut bien commencer quelque part. Il y a d'abord ce vent un peu froid, là, dans les yeux, qui fait jaillir un bouillonnement d'eau. Notre peau qui grêle sous les caresses, et puis le premier frisson d'air qui annonce les grands orages. On doit se mettre à l'abri sous les couvertures. Et les mains en balade. Les premiers éclairs, les premiers frémissements presque douloureux, si puissants qu'ils semblent nous traverser le corps comme des décharges électriques. Les souffles qui s'essoufflent. Les coups de tonnerre qui éclatent dans nos têtes et partout dans nos corps. Une averse de mots qui tambourinent à l'oreille de l'autre, que chacun prononce, puis des silences qui reviennent. Les bourrasques de la tempête extérieure qui se mêlent au tumulte de l'amour.

Dehors, la route qui s'enneige, le macadam qui se fige sous la glace. Les autos ont du mal à garder une vision claire du chemin qu'elles doivent suivre. Des voitures patinent en démarrant aux feux de circulation. Certains véhicules se sont arrêtés sur l'accotement. On se questionne. On continue, on retourne à la maison ? On avance sans rien voir devant soi sinon à cinq mètres près des feux arrière de la voiture qui précède. Les essuie-glaces ne parviennent même plus à dégager le pare-brise correctement. Le blizzard a pris de l'ampleur.

En sous l'édredon chaud, des embrasements de gestes, des retournements de corps, l'un dessus, l'autre dessous, comme la neige sous le vent et le vent sous la neige. Là, une camionnette, prise dans le tourbillon fou, verse sur le côté au milieu du terre-plein. Ici, les corps qui se cabrent comme les arbres qui se tordent sous la morsure du noroît, qui se redressent, et se cabrent à nouveau. Et puis la circulation qui s'arrête brusquement et qu'on voit au dernier moment. On se cabre, on freine, on glisse, on rétablit le volant. Derrière, un camion-remorque vient d'éviter la camionnette folle qui zigzague devant lui. Un coup de volant à gauche, un autre à droite. Mise en portefeuille. Il fonce en klaxonnant. Ne parvient pas à s'arrêter.

Frôlement des corps, bouillonnement du sang. Le tumulte des klaxons. Froissement des tôles, éclatement des vitres. Le feu, l'incendie. Les corps qui s'enflamment, qu'on a retenus, qui s'abandonnent, qui giclent. Les grandes eaux, et deux cris rauques qui s'unissent dans une longue plainte d'abdication. Les bouches qui s'embouchent. Les mains qui s'étreignent dans le fracas des embâcles qui cèdent enfin. Et les fluides qui jaillissent, qui se mêlent à la sueur.

Dans la tête, les illuminations des soirs de kermesse, les spirales évanescentes, les bombes pyrotechniques qui éclatent dans le ciel ravagé. On s'aime. On s'est aimés. On ne bouge plus. Silence. On roule sur le côté une dernière fois, côte à côte, on s'immobilise. Un dernier regard. Le noir. Le silence absolu que le son lointain des sirènes des voitures de police et des ambulances hache.

Nous nous sommes endormis, assouvis, heureux, rassasiés de l'un et de l'autre. Un sommeil bienheureux, satisfait, profond.

Une voiture vient de s'arrêter dans l'entrée du garage. Bruit de portières. Ça me réveille à moitié. Engourdi de sommeil. La porte avant qu'on ouvre sans ménagement… Des pas vers la cuisine, vers le salon… Un silence… Puis des coups furtifs dans la porte de la chambre. On ouvre sans attendre de réponse. Une tête apparaît. Je n'ai même pas le réflexe de couvrir ma nudité ni celle de mon amant qui dort toujours à mes côtés.

— Frédéric ! Tu dors ? murmure la voix. C'est nous. On a dû faire demi-tour en raison de la tempête. Un gros accident sur la route 165 à hauteur de Thedford Mines. Tout est bloqué sur des kilomètres.

Frédéric est finalement sorti de son état semi-comateux.

— Hum ? … Quoi ?... fait-il en se passant une main sur le visage pour écarter une partie de sa belle chevelure ondulée.

Je suis tétanisé au milieu du lit. « *Ciel ! Mon mari !* aurait dit la maîtresse. *Sous le lit ! Dans L'armoire ! Au balcon !* » aurait-elle sans doute ajouté selon la formule consacrée.

Mais voilà ! Ce n'est pas le mari. C'est le père qui est de retour avec la sœur de Frédo. Je reconnais ce regard farouche posé sur les vêtements et les sous-vêtements qui traînent sur le plancher de la chambre.

Je jette un regard vers le réveille-matin. Deux heures dix-sept du matin. Un silence interminable, apoplectique, terrifiant. La fin du monde ! La lumière s'ouvre brusquement. On doit fermer les yeux, Frédéric et moi, pour éviter l'éblouissement.

— Ah ! Non ! Pas ça ! Pas ici ! Pas dans ma maison ! Frédéric, à quoi joues-tu, par tous les saints du ciel ? N'as-tu donc aucun orgueil ? Te vautrer dans la luxure avec ce moucheron, cet affreux crapaud ! Tu as décidément atteint le fond du baril.

Il n'y a pas de cri ni tumulte ni fracas. Rien que ces mots lâchés avec dédain et mépris. Et puis ce regard foudroyant posé sur moi comme Dieu a dû le poser sur Lucifer le jour où il l'a condamné à l'enfer.

— Vous, jeune homme, rhabillez-vous et quittez cette maison le plus vite possible. Et n'y revenez plus jamais. Vous avez fait assez de mal comme ça !

La lumière se referme ainsi que la porte. Frédéric et moi restons emmêlés dans nos couvertures une bonne minute incapables de réagir. Puis je me rhabille et je quitte la maison sans qu'on échange une seule parole. Dans la nuit, sous le vent, l'eau de mes larmes se mêle à celle de la neige qui fond sur mon visage. Je ne sais trop quelle émotion l'emporte sur toutes les autres, de l'humiliation, de la honte ou de la colère.

28

La quadrature du cercle

Il ne me reste de cette mésaventure qu'une profonde amertume et surtout une immense colère. Au diable l'humiliation et la honte. Que d'autres que moi se couvrent de ces oripeaux si le cœur leur en dit. Moi, la colère me suffit. J'en veux à cet homme qui pervertit tout ce qu'il voit, tout ce qu'il touche. J'en veux à Frédéric de m'avoir placé dans cette situation, de m'avoir laissé partir sans un seul regard, de n'avoir rien dit à son père quand ce dernier s'en est pris à moi en me traitant de jeune pervers avant de claquer la porte derrière moi. La honte était sur lui comme une seconde peau. J'en veux à Roxanne de m'avoir traîné dans cette relation sans issue avec son frangin. J'en veux à mes parents de m'avoir fait comme je suis, j'en veux au monde entier d'être si prompt à ridiculiser chacune des différences qu'il perçoit chez les autres. J'en veux à la religion, à toutes les religions qui blasphèment contre ce qu'il y a de plus sacré en ce monde, je veux parler du droit d'aimer et d'être aimé. J'en veux à Dieu lui-même qui a créé ce monde tel qu'il est. J'en veux à chaque être humain qui possède en lui-même cette tache originelle qui en a fait un être aussi bas, aussi mesquin, aussi perverti, aussi bête, aussi cruel, aussi peu intelligent aussi dépourvu d'humanité. Nous sommes moins que des bêtes, nous sommes des monstres. Nous nous dévorons entre nous.

Je me remets à me déplacer comme avant, le corps droit, le regard absent, les mains en appui sur mes bras repliés. Je passe tous mes temps libres à la bibliothèque ou dans la salle de musique. Quand je dois me rendre à mes cours, je me renferme sur moi-même. Je n'ai de regards pour personne. Je ne me laisse corrompre par aucune relation avec le monde extérieur. Je ne salue personne. J'emprunte les escaliers quand ils sont déserts, les couloirs quand plus personne ne s'y trouve. J'évite la cafétéria et le salon des élèves autant que faire se peut.

Pas une fois je ne croise ni ne vois Frédéric. Il semble s'être évaporé. Et c'est tout aussi bien. À trois reprises, je me retrouve sur le chemin de Roxanne. Mon visage n'exprime aucune émotion en la croisant. Je regarde droit devant moi et je passe. Chaque fois, elle m'interpelle, mais je ne me retourne pas.

La quatrième fois, elle s'est approchée avec une petite pile d'enveloppes cachetées réunies entre elles par un élastique. Onze jours se sont écoulés depuis les événements de la nuit du Samedi saint. Elle veut me les remettre.

— C'est Frédéric ! murmure-t-elle. Il t'écrit deux fois par jour.

— Non ! que je réponds sans même prendre la peine de la regarder.

Je continue mon chemin en ne laissant rien voir de mes émotions. Elles sont pourtant à vif. L'intervention de la jumelle m'a atteint de manière certaine. Entendre simplement le nom de Frédéric et un violent frisson m'a traversé le corps. Mais je n'ai rien laissé voir. Contrôle, toujours rester en contrôle de soi. Toujours garder ses émotions profondément enfouies en nous. Ne rien laisser voir de ses faiblesses. C'est la règle première de la survie. J'enfile le premier corridor qui se présente afin de me soustraire à l'influence nocive de cette fille.

Je ne souhaite plus entretenir aucun rapport avec la race humaine. Les seules relations intimes, je les réserve à la musique. Seulement elle et moi. M'acharner à la reconquérir, à la sublimer par la perfection de mon jeu, tel est désormais le seul but que je donne à mon existence. Et ce, quoi qu'en dise mon vieux maître qui se désespère de me voir reprendre mes anciennes habitudes.

— Vous n'arriverez à rien en vous repliant sur vous-même comme vous le faites, Monsieur Moshar, me lance-t-il à bout de patience. La musique n'est pas un lieu d'isolement.

Je ne tiens aucun compte des commentaires de ce vieux radoteur. Pour moi, la musique EST un enclos, mon enclos, mon armure. Alors, je me suis employé à remettre mes murs en leur état. J'en ai colmaté toutes les fissures. Cette fois, je n'ai eu aucune difficulté. Ils sont à nouveau bien en place autour de moi. Plus épais, plus hauts, plus infranchissables que jamais. Je me suis blotti derrière eux pour lécher mes plaies. Un cocon protecteur, un abri contre la méchanceté des humains. Je joue du piano. Et je joue bien, avec toute la technique, la fougue, le style, le rythme et l'émotion requis. Même maestro Menaldi en est étonné.

Et puis, un matin, tout a chaviré. La main de mon vieux maître s'est abattue sur le clavier à une vitesse inimaginable. Au milieu du premier mouvement du concerto de Brahms, il arrête mon jeu en rabaissant brusquement le couvercle sur mes mains.

— Mais vous êtes fou ! ai-je hurlé. Vous avez failli me casser les doigts.

— Vos doigts, vous êtes en train de vous les casser tout seul à force de piocher sur ce piano. Que faites-vous, Monsieur Moshar ? Nous sommes à cinq semaines du concours et je n'enregistre aucun progrès dans votre interprétation de ce premier mouvement. Je refuse de continuer à travailler avec vous dans les conditions actuelles. Nous fonçons droit dans un mur. Et je ne veux pas être celui qui vous tirera de la carcasse calcinée de vos illusions.

— Je ne comprends pas, Maître ! Il me semble avoir fait des progrès énormes ces derniers jours. Je travaille très fort, je m'applique, je suis studieux. Vous-même m'avez félicité la semaine dernière pour mon jeu dans le concerto de Medtner.

— En effet, monsieur Moshar. C'était le moment de grâce qui précède toujours les grandes dégringolades.

— Les grandes dégringolades ?

— Regardez-vous, monsieur Moshar ! Vous êtes pitoyable. Il faudra bien qu'un jour ou l'autre vous ayez le courage d'affronter votre réalité, le courage de l'accepter et de vous construire à l'intérieur des limites et des possibilités qu'elle vous impose... Et surtout, il vous faudra cesser de jouer comme un sourd.

— Qu'avez-vous contre les sourds ? Beethoven a écrit la moitié de son répertoire et la plus grande symphonie de tous les temps alors qu'il était complètement sourd.

— Je vous en prie, faites-moi grâce de vos inepties ! Vous savez très bien ce que j'essaie de vous dire. Ne m'obligez pas à devenir méchant et surtout n'ayez pas l'impertinence de vous comparer au grand Beethoven…

Le vieil homme se lève de son fauteuil et retire ses lunettes qu'il tient en équilibre instable sur le bout de son nez comme à son habitude. Il en replie les branches et les fourre dans la poche intérieure de sa vieille veste de tweed. Il fait le tour du piano d'un pas lourd et se tourne lentement vers moi. Son visage a changé. Il n'exprime aucune agressivité, non, aucune, mais quelle profondeur il a, ce regard désemparé et triste. Quand il reprend, il le fait en caressant le bois verni du piano. Sa voix semble émerger d'un corps en appui sur une intense fatigue, ce qui la rend à la fois très douce et hésitante.

— Comme je crois vous l'avoir déjà dit, je ne suis pas un psychologue. Et je suis moins encore une nounou, mon garçon. Je n'ai ni le tempérament ni l'inclination pour ce genre de mission consolatrice… Votre jeunesse ne peut servir de prétexte à toutes les bêtises et à toutes les trahisons.

— Trahisons ! Vous me traitez de traître ?

— Oh ! S'il vous plaît, mon jeune ami, n'essayez de me la jouer en exhibant une indignation aussi fausse qu'un nez de clown ! Traître, vous l'êtes envers vous-même, envers la vie et envers la musique. Vous croyez que le monde tourne autour de votre petite personne. Quand j'ai accepté ce contrat, Monsieur Moshar, c'était pour vous accompagner dans l'éclosion de cet immense talent qui vous habite, afin de vous conduire vers les sommets de cet art ô combien difficile qu'est le métier de pianiste de concert. Mais en l'état actuel des choses, je crois que notre collaboration a atteint ses ultimes limites. Je ne peux plus rien vous enseigner… Regardez-vous ! Vous vous vautrez dans votre malheur et n'en tirez nulle leçon, aucune grandeur. Et le plus grave, vous y traînez la musique que vous interprétez, sans aucun respect, sans aucune retenue. Je crois qu'il est grand temps que vous agrandissiez le champ de vos recherches et que vous cessiez de vous regarder le nombril. Vous n'êtes pas le centre du monde. Souffrez-vous donc si peu qu'il vous faille entretenir chaque peine qui se présente au-delà du supportable ? … Vous aimez et vous êtes aimé. Que voulez-vous de plus ? Vous avez un talent que tout le monde vous envie et vous en faites quoi ? Une minable contrefaçon d'artiste de bastringue. Continuez à vous croire martyrisé par un destin cruel si cela vous chante, mais ne comptez pas sur moi pour applaudir à vos crises de croissance. Quand vous aurez trouvé la solution au mystère de la quadrature du cercle dans lequel vous vous êtes enfermé, revenez et nous discuterons. Mais entretemps, basta !

Sur ces mots, le vieil homme se retire de la pièce. Il se rend à son bureau. Je l'entends qui prend son manteau et son chapeau à large bord. Il sort en faisant claquer la porte et s'arrête devant la salle où je suis encore assis complètement ébaubi par la tournure des événements.

— Ah ! Au cas où cela vous intéresserait, monsieur Frédéric Satie a quitté notre école depuis le retour du congé pascal. Je ne doute pas que ceci soit en partie la cause de tous vos tourments. Où il est et pour quelle raison il y est, je l'ignore. Mais je ne doute pas que sa jumelle saura vous le dire si toutefois vous souhaitez le savoir.

Sur ces mots, mon vieux maître ajuste son chapeau en le rabattant légèrement sur les yeux et il quitte la pièce sans m'adresser le moindre salut.

29

Un gros tas d'enveloppes

PENDANT LE RESTE DE LA SEMAINE, LE MAESTRO NE S'EST PAS PRÉSENTÉ À L'ÉCOLE. J'EN SUIS BOULEVERSÉ AU-DELÀ DE CE QUE JE POURRAIS EXPRIMER EN MOTS. Je ne parviens pas à croire qu'il m'ait abandonné à son tour. Je me sens aussi seul qu'une barque échouée au milieu d'un désert.

Il y a des moments comme ça dans la vie, où tous les événements concourent à vous convaincre que vous faites fausse route. Il faut avoir l'humilité de le reconnaître. Mais, la plupart du temps, on s'obstine dans son égarement. On accuse le monde entier de se liguer contre vous. Vous êtes comme ce soldat qui a le mauvais pas sur tout le régiment et qui croit que ce sont les autres qui marchent de travers.

Il y a un aveu que je ne vous ai pas fait parce que sans doute est-ce difficile de l'admettre même à l'âge avancé que j'ai atteint.

Je suis un homme entêté. Pas borné, juste un peu buté. Remarquez, ce n'est pas toujours un défaut. Il faut parfois faire preuve d'opiniâtreté dans notre métier de pianiste de concert si on veut se faire respecter ou simplement se démarquer de la masse. On ne reste pas où on est si on n'insiste pas pour y demeurer et pour aller là où on désire aller et de la manière qu'on a choisie pour s'y rendre. Sinon on se laisse bouffer par le conformisme des modes passagères.

Mais vous aurez compris que ce n'est pas de ça qu'il est ici question. Je parle plutôt de cette obstination puérile qu'ont presque tous les adolescents de ce monde à se croire au-dessus de toute vérité, au-delà de tout commentaire, de toute introspection. On refuse les conseils, on réfute tout raisonnement qui supposerait quelque humilité et la sagesse d'admettre qu'on a tort.

Eh bien ! Je n'ai pas fait exception. J'étais de cette sorte de révolté parfaitement et authentiquement intransigeant. Et j'avoue l'être un peu resté tout en essayant de respecter les règles du savoir-vivre.

Alors, bien sûr, comme il se doit, maître Alfredo-Cosmo Menaldi en a-t-il pris pour son rhume pendant toute la fin de semaine qui a suivi. Lui et la Terre entière, forcément. Pourquoi m'arrêter en si bon chemin ? Le père, le fils et le Saint-Esprit sont aussi passés ! Tout le monde me hait et me méprise. On ne s'intéresse pas à moi, on me traite comme l'agresseur alors que je suis la victime. Personne ne m'aide, personne ne cherche à me comprendre. Ma famille me déteste, mon père m'ignore, ma mère m'a trouvé laid dès l'instant où elle a posé son premier regard sur moi. Je la soupçonne de s'être toujours demandé si, le jour de ma naissance, on n'avait pas interverti les bébés à la pouponnière après l'accouchement et qu'on ne lui avait pas mis dans les bras un rejeton qui n'était pas le sien. Mais plus probablement étais-je un enfant qu'on avait adopté. Telle était du moins ma certitude absolue.

Cette idée m'était venue très jeune, à huit ou neuf ans quand je me suis aperçu avec effroi que je ne ressemblais à personne dans cette fichue famille ! Elle s'était affirmée avec plus d'insistance à l'âge de douze ans quand j'ai constaté qu'ils étaient tous à l'archet, au violon, ou au violoncelle (même mon frère, qui s'est mis à la flûte plus tard, a d'abord été un excellent violoniste) alors que j'étais le seul à trimer dur sur le clavier du piano. Non seulement étais-je le seul laideron de la famille, mais j'étais différent en tout. Pourquoi m'avoir mis au piano plutôt qu'au violon ? Il doit bien exister une raison qui expliquerait cette différence. Sans doute qu'en grandissant n'ai-je pas répondu aux attentes de mes chers parents. Alors, ils ont dû vite déchanter et, quand j'ai atteint l'âge de cinq ans, ils se sont dit: « Nous ne ferons jamais un virtuose du violon de celui-là. Vite, mettons-le derrière un piano et qu'on n'en parle plus ! »

Tout ça pour vous dire que ma fin de semaine a été assez calamiteuse. Et bien que je fasse les plus grands efforts possibles pour que cela se voie, personne à la maison ne semble s'en émouvoir, ni ma mère, ni mon père (qui sont tous deux présents à la maison, durant toute la fin de semaine, chose rare), ni mon frère et sa flûte, ni ma sœur et son archet, ni la femme de ménage qui n'est d'ailleurs pas une femme, mais une affreuse Carabosse.

Alors que fait-on quand personne ne prend votre malheur au sérieux ? Eh bien, on ne fait rien. On se met en boule et on s'isole. On s'enferme. On érige des murs de plus en plus hauts, de plus en plus épais, infranchissables, sans porte ni fenêtre. On se protège. On a juste ce petit rond de ciel au-dessus de la tête et ça nous suffit. Il est à nous seuls, ce petit rond de ciel, et si la lune y apparaît parfois, alors elle nous appartient aussi, comme les nuages ou les oiseaux qui le traversent. On fait ça jusqu'à ce qu'on constate, que, ça non plus, ça ne fonctionne pas.

Mais pour l'heure, j'en suis à mes murs et à mes errances. Le lundi suivant, je les promène dans les couloirs de la polyvalente en évitant tout contact avec les autres élèves. Le maître n'est pas revenu à l'école de musique. Il n'y reviendra sans doute plus. Bon débarras! Qui donc, à l'aube de la vie, a besoin de se faire conduire par un vieillard qui approche de la tombe?

Je vais à mes cours pour passer le temps qui ne s'écoule pas vite. Et pour le reste, je m'enferme dans la salle de musique à ne rien faire d'autre que reprendre un à un les airs les plus tristes du répertoire, enfin ceux que je connais, tout cela pour nourrir mon mal-être et ma rage. Car je suis habité par une colère dévastatrice.

Je fais tout pour ne pas croiser Roxanne. Je mesure mes déplacements au plus près, je rase les murs. Une ombre fuyante, voilà ce que je suis devenu. Un mensonge qui va et vient en déplaçant le moins d'air possible. Quand je vois mon ennemie, à trente mètres de moi, je change de direction ou alors j'entre dans un local, n'importe lequel, j'attends qu'elle passe et je ressors dans cette pose rigide et affectée qui me distingue du commun des mortels. Mais la belle est une entêtée.

Le lendemain, en sortant de mon cours d'anglais, je la vois qui m'attend avec son sac à l'épaule. Elle s'approche et me tend le tas d'enveloppes qui a doublé d'épaisseur depuis notre dernière rencontre.

— C'est pour toi, se contente-t-elle de dire.

Je passe sans m'arrêter. Sa présence n'a fait qu'accentuer ma colère. Elle me suit d'un pas obstiné. Finalement elle s'arrête.

— Quand vas-tu enfin t'ouvrir les yeux, espèce de pauvre type ? Il t'aime. Ces lettres, elles ne me sont pas destinées. Elles sont pour toi. Il n'arrête pas de t'écrire, jour après jour.

C'est à mon tour de m'arrêter. Un feu me brûle le ventre et ses morsures atteignent mon cerveau et se sont emparées de chacun des traits de mon visage. En me retournant vers Roxanne, je constate que les regards d'une bonne trentaine d'élèves se sont posés sur nous et semblent se délecter du spectacle que nous offrons. Cela ne fait que décupler mon courroux.

— Eh bien ! Dis à ton frangin qu'il cesse de les écrire, ces putains de lettres et qu'il me foute la paix. Je n'en ai rien à cirer de ses états d'âme. Je ne suis pas le genre de gars qu'il pense. Va-t-il falloir que je lui fasse un dessin pour qu'il comprenne ? JE-NE-VEUX-RIEN-SAVOIR-DE-TON-FRÈRE. C'est clair, non ? Ni de toi d'ailleurs ni de toute ta famille de merde ! Alors, tu arrêtes de me poursuivre partout où je dépose une plainte à la direction pour harcèlement. Tu as compris, cette fois, oui ? Et crois-moi, je ne rigole pas.

Non ! Je ne rigolais pas. Je me suis précipité vers la salle de piano. Je m'y suis enfermé. Je saisis le banc du piano et je le lance dans le fond de la pièce. Je prends toutes les partitions qui me tombent sous la main et je les envoie valser. Debout, je pioche à coup de poing sur le clavier jusqu'à me soûler d'épuisement. Et je m'écroule en larmes devant le piano. Malgré moi, son nom a jailli au milieu de mes cris étouffés. FRÉDÉRIC ! FRÉDÉRIC !

Je me suis relevé sur les genoux, les fesses appuyées sur mes talons, le dos courbé, le corps prostré sur ma douleur, sur mon amour perdu. Et je me mets, dans des gestes désespérés, presque frénétiques, à ramasser la centaine de pages de partitions qui traînent à travers la salle comme si je cueillais une à une toutes mes parties de vie, cette vie désormais futile et défigurée. Et c'est là que la porte s'est ouverte doucement. On s'est approché de moi très doucement. On s'est penché. On s'est assis à mes côtés. On m'a pris par les épaules et on me berce tout doucement. Je pose ma tête sur le bras qui m'enserre et je pleure de plus belle.

— Voilà ! murmure mon vieux maître avec une infinie douceur ! Je crois que vous allez bientôt entrer dans l'âge de la sagesse. Il était temps, vous ne croyez pas, mon ami ? Il était temps !

Et il m'a bercé comme ça, jusqu'à ce que je me calme, la tête posée sur son manteau comme sur un coussin.

30

Il ne mange presque plus

Le vendredi suivant, 2 mai.

JE SUIS ASSIS DANS LA CAFÉTÉRIA À MA TABLE HABITUELLE. ROXANNE M'A VU. Je l'ai regardée approcher sans sourire, mais sans esquisser non plus le moindre geste qui aurait pu la décourager de venir jusqu'à moi. Elle s'arrête sans trop savoir à quoi s'attendre. J'esquisse un timide sourire.

— Je peux m'asseoir ?

— Bien sûr.

— Merci !

Un long silence s'établit entre nous que je ne sais pas trop comment gérer. À défaut de savoir quoi dire, je la laisse prendre l'initiative de la conversation. Ni elle ni moi n'avons de plateau avec nous pouvant suggérer que nous désirons manger. Elle regarde tout autour, abandonne un léger sourire.

— C'est vraiment un endroit commode. On entend tout ce qui se passe dans la cafétéria, mais on ne voit rien et on n'est vu de personne.

— Pour un garçon comme moi, c'est l'endroit rêvé.

— Qu'est-ce qu'il a le garçon comme toi qu'il ait tant besoin de se cacher ?

— Le monstre ! Le laideron !

— Tu n'es pas un monstre. Tu n'as rien d'un laideron, je t'assure !

— Tu demanderas à ton cher papa pour voir ce qu'il pense de moi.

— Tu ne vas faire ni attention à ce que dit ni à ce que pense mon père. Le monstre, c'est lui… Oh ! Et puis non. Ce n'est pas un monstre. Il adorait ma mère. Tu ne peux pas t'imaginer à quel point la mort de maman l'a anéanti. Je crois que mon père était un époux extraordinaire, mais un père déplorable… Non, François, tu n'as rien d'un monstre, mon père non plus. Et tu n'as rien d'un laideron ; ça, je peux te l'assurer. Beaucoup de mes amies m'envient de t'avoir eu comme petit copain. Elles auraient beaucoup aimé être à ma place. Et je n'ai pas détesté ça du tout. Et puis mon frère ne serait pas tombé amoureux d'un laideron.

— Ah non ? Je pensais ! Je ne l'ai pas entendu s'opposer très fort à ton père quand il m'a traité de tous ces jolis noms en me mettant à la porte cette nuit-là. Je ne l'ai pas entendu prendre ma défense.

Un profond malaise flotte au-dessus de la table que nous occupons. Roxanne esquisse un mouvement brusque de la tête pour dégager son visage de sa lourde chevelure blonde. Je reconnais là un geste que pose régulièrement Frédéric quand il est troublé. Le silence se prolonge. Puis…

— Et toi, tu vas bien ? me demande-t-elle.

— D'après toi ?

— Apparemment, non ! se contente-t-elle de constater.

Je n'ajoute rien et le malaise s'épaissit un peu plus entre nous.

— Si tu avais entendu tout ce qu'ils ont pu se dire après ton départ ! C'était épouvantable ! Ils se sont crié dessus pendant plus d'une heure. Je n'avais jamais vu ni Frédo ni papa dans une telle colère. J'avais beau m'être enfermée dans ma chambre, l'oreiller sur la tête… C'était effroyable. J'ai cru un moment qu'ils allaient en venir aux coups. Et puis il y a eu un silence. Un silence plus effrayant encore que leur dispute. Et j'ai entendu papa lui dire de faire sa valise. Qu'il n'allait pas retourner à la polyvalente mercredi prochain. Qu'il en avait assez de ses frasques et de ses bravades. « *Tu t'en vas vivre chez ton oncle Jean à Montréal. Et prie le ciel qu'il accepte de s'occuper de toi, sinon c'est le pensionnat dans le fin fond de la Gaspésie. Ici, c'est terminé ! Je ne te regarderai pas comme ça bousiller ta vie sans réagir. Tu veux jouer aux imbéciles, on va jouer à deux !* »

Ils sont partis le lendemain. Papa est revenu le samedi suivant. Chose rarissime, il avait pris quatre journées de congé pour affaires familiales. Quand il est rentré, il s'est enfermé dans sa chambre. Depuis, lui et moi, on ne se parle presque plus. J'ai plus de nouvelles de Frédéric depuis Montréal qui m'appelle chaque jour que de mon père avec qui je vis pourtant.

Roxanne s'arrête brusquement. Elle pointe son regard sur moi sans aucune retenue, ni embarras ni gêne d'aucune sorte.

— Il n'arrête pas de demander de tes nouvelles… Mon oncle Jean est très inquiet à son sujet. Mon frère ne mange presque plus, il a commencé à boire, il a maigri de quatre kilos en trois semaines. Il n'étudie pas. Il ne se présente plus à ses cours. Oncle Jean a téléphoné à papa la semaine dernière pour lui expliquer la situation. Il lui a recommandé de reprendre Frédo à la maison. Papa a refusé. Il a menacé de placer Frédo dans un pensionnat. Oncle Jean lui a dit d'oublier tout ça. Qu'il s'occuperait désormais de mon frère, mais qu'il ne voulait plus que mon père s'interpose entre lui et Frédéric. Je crois que c'est la meilleure chose qui pouvait arriver à Frédéric : que mon père disparaisse de sa vie. Du moins pour un temps.

— À la condition que celui qui le remplace dans la vie de Frédéric ne soit pas un con du même gabarit que ton père.

— Oncle Jean est une bonne personne, je t'assure.

À nouveau, Roxanne fait silence. Elle ouvre son cartable et en tire une pile d'enveloppes. Elle me les tend sans trop savoir quelle sera ma réaction.

— Bien sûr, je n'ai pas à te dire quoi faire. Mais à ta place, je prendrais le temps de lire ces lettres. Je ne les ai pas lues. Mais je suis certaine que tu comprendras à quel point il t'aime. Si toi tu ne l'aimes plus, et je comprendrais que tu aies de bonnes raisons qu'il en soit ainsi, ne l'abandonne pas sans lui écrire un dernier mot. Frédéric ne mérite pas ton mépris, je t'assure. Et si tu as encore un peu d'affection pour lui, eh bien…

Roxanne n'a pas été en mesure de terminer sa phrase. Des larmes coulent sur son visage. J'ai pris les lettres. Elle a essuyé ses joues, elle s'est levée et elle est partie.

31

Une invitation inespérée

« SI TU AS ENCORE UN PEU D'AFFECTION POUR LUI, EH BIEN... »

Comment a-t-elle pu me dire une telle chose ? Comme si ça ne se voyait pas comme le nez au milieu du visage que je suis toujours amoureux fou de Frédéric. J'ai lu ses lettres. Mais avais-je vraiment besoin d'en prendre connaissance pour me convaincre que ce garçon m'aimait ? Je crois l'avoir su dès le premier regard que nous nous sommes échangé, en ce midi de février, quand, au milieu de son groupe d'amis bruyants à la grande table du centre de la cafétéria, il avait penché la tête vers moi. Ou, à tout le moins, avais-je été absolument persuadé de l'aimer, moi, au-delà de tout et pour toujours... Et voilà que je m'étais effondré au premier assaut du destin. J'avais douté. J'avais renié cet amour pourtant si réel, si plein, si évident, si profond.

Ce soir, j'ai pris mon courage à deux mains et j'ai parlé à papa et maman qui n'attendaient qu'un signe de ma part pour s'introduire en périphérie de ma douleur et pour me soutenir de leur présence et de leur affection dans cette étape cruciale de ma vie.

— Nous savions que tu traversais une période extrêmement difficile, m'a avoué maman.

— Maestro Menaldi nous a tenus au courant de la manière un peu chaotique dans laquelle se déroulait ta préparation pour le concours de Montréal.

— Il vous a tout raconté ? ai-je demandé avec un peu d'irritation pour cette indélicatesse dont se serait rendu coupable mon vieux maître

— Bien sûr que non ! s'est empressée de préciser maman. Il a été d'une grande discrétion concernant ta situation avec Frédéric. Mais il nous a quand même suffisamment pistés pour que nous sachions un peu dans quelle direction chercher si d'aventure nous devions intervenir pour te venir en aide.

— Comme maman te l'a dit, nous nous étions bien aperçus que quelque chose n'allait pas. Je t'avoue que nous étions pas mal inquiets par la tournure que prenaient les événements. Tu as tellement changé, si vite et si brusquement. Après en avoir discuté avec un ami psychologue, ta mère et moi avons pris la décision d'attendre que tu t'ouvres à nous avant d'intervenir.

— Mais j'avoue que ç'a été extrêmement difficile de rester sur la touche à te regarder ramer tout seul sur cette mer en furie que tu avais décidé d'affronter sans notre aide. Tu es notre fils. Ton père et moi, nous t'aimons profondément et nous sommes fiers de tout ce que tu as accompli jusqu'à maintenant... Nous parlions de toi tous les soirs, nous demandant s'il ne fallait pas plutôt te forcer un peu la main, t'obliger à nous parler, à t'ouvrir. Plus d'une fois je suis venue à deux doigts d'intervenir. C'est ton père qui m'a retenue.

Il s'écoula un long moment avant que je ne réagisse. Je regardai mon père et je lui demandai ce qu'il ferait à ma place. J'avais besoin à cet instant précis de l'avis d'un homme, de celui qui avait aimé ma mère, qui l'aimait encore, qui avait contribué à ma conception, qui avait été là depuis toujours, même dans ses longues absences en raison de ses nombreuses tournées de concerts qui l'appelaient à l'extérieur du pays. J'avais besoin que mon père me dise « Vas-y mon gars, fonce ! » J'étais en recherche de sa bénédiction.

Il regarda ma mère et il tendit sa main vers elle. Leurs deux mains se joignirent et un long silence s'installa sur le grand salon de la maison que nous occupions. Quand il se tourna vers moi, ses yeux roulaient dans l'eau, mais aucune larme ne s'échappa de ses yeux.

— Le grand amour, François, n'est pas une rencontre qu'il est donné à chacun de faire sur le long chemin de la vie. Beaucoup ne le connaîtront jamais. L'amour ne choisit ni le lieu ni l'heure pour frapper. Mais quand il passe, il faut le saisir à pleines mains, quel que soit le costume qu'il revêt. L'amour a mille visages... Tu me demandes ce que tu dois faire. Eh bien ! La chose m'apparaît fort simple. Frédéric t'a écrit. Il faut maintenant lui répondre, tu ne crois pas ?

— Mais jamais il ne voudra me pardonner ma conduite. J'ai été si méchant envers lui.

— Je crois, mon gars, que tu sous-estimes la puissance de son amour, et c'est maintenant que tu es cruel envers lui. Allez, mon gars, courage ! Vas-y, fonce !

Vous dire le poids que cela m'a enlevé des épaules, que papa, maman et moi discutions ouvertement du tsunami d'émotions qui avait traversé ma vie dernièrement, est chose pratiquement impossible à exprimer. Il s'est alors installé en moi une paix si absolue, une si douce sérénité que le flot d'émotions que j'avais cru un instant tari reflua en moi avec une puissance décuplée. Je me mis à trembler et à pleurer comme encore, de toute ma vie, je ne l'avais fait. À la fin, ils durent me conduire dans ma chambre et quand ils me bordèrent comme si souvent ils l'avaient fait par le passé, je tendis les bras vers eux et je les obligeai à s'asseoir sur le lit. Je m'endormis paisiblement entre mon père et ma mère, la main de l'un posée sur mon épaule et celle de l'autre sur ma joue. Avant de sombrer définitivement dans les bras de Morphée, j'entrouvris les yeux et d'une voix inquiète je leur demandai.

— Allez-vous être là avec moi pour le concours de piano ?

Maman se pencha sur moi et m'embrassa doucement le front.

— Ton père et moi avons réservé toute cette semaine pour être avec toi du début jusqu'à la fin du concours. Nous savons que tu seras merveilleux ! Dors maintenant.

Un faible sourire étira mes lèvres et je pus m'abandonner enfin au sommeil. J'étais redevenu le petit garçon de mes parents.

32

De la place, ce n'est pas ce qui manque

DÈS LE LENDEMAIN, J'AI ÉCRIT À FRÉDÉRIC, ET IL M'A ÉCRIT À SON TOUR. JE LUI AI RÉPONDU, IL M'A RÉPONDU. Et comme ça presque chaque jour jusqu'à ce qu'arrive la semaine du Concours de piano de Montréal.

Sans que j'aie rien demandé, l'oncle Jean m'invite à demeurer chez lui pendant la semaine du concours. J'hésite. Les douloureux souvenirs de mon passage chez les Satie sont suffisamment frais dans ma mémoire pour me faire craindre quelques turpitudes qui, dans les circonstances, seraient dévastatrices pour moi. Je suis assez nerveux comme ça sans y ajouter quelque autre stress. Et puis papa et maman m'accompagnent ainsi que mon vieux maître, Maestro Menaldi. Je ne vais pas leur faire défaut alors que leur présence m'est si précieuse. Ce serait une bien étrange façon de les remercier.

Je fais part à Roxanne des doutes qui m'habitent au sujet de cette invitation. Je ne veux pas revivre les terribles événements d'avril dernier. Après tout, l'oncle Jean est le frère préféré du père des deux jumeaux. L'un et l'autre doivent sans doute partager peu ou prou les mêmes valeurs en bien des domaines pour s'entendre à ce point.

— Ne t'en fais pas pour la place, il n'y a que ça de la place chez l'oncle Jean. Il pourra vous accueillir tous les quatre sans difficulté. Il possède une grande résidence. Quant à savoir si tu dois craindre quoi que ce soit de cet homme, je te dirai simplement qu'on ne pourrait trouver deux personnes plus différentes qu'oncle Jean et papa, affirme Roxanne en laissant éclater un large sourire.

Elle est vraiment très belle quand elle sourit, ne puis-je m'empêcher de penser. Cette fossette qui se creuse alors dans sa joue et la manière qu'elle a de se tordre les mains sont tout à fait ravissantes.

— Autant mon père est austère et intransigeant, autant oncle Jean est joyeux et enthousiaste. Il aime rire et il ne se dépare jamais d'un humour parfois caustique qui déplaît souvent à papa. Tu n'as pas à t'en faire. Je crois que tu vas l'adorer.

— Et sa femme ?

— Ils ont divorcé il y a deux ans déjà. Et si tu veux mon avis, c'était grand temps. Je détestais cette femme. Elle est snob et très collet monté, froide et sans conversation. Un peu idiote. Tout tournait autour de sa personne. Elle ne s'intéressait qu'à la mode, aux cocktails et aux commérages de salons de coiffure. Elle pouvait vous détailler du haut en bas ce que portait une telle à telle soirée, la couleur de ses souliers, celle de sa robe, son maquillage, le coiffeur chez qui elle se fait faire les mèches, le nombre de fois passées sous le bistouri du dermatologue, et les injections de botox qu'elle s'autorise, mais elle était incapable de vous dire le nom de la ville où elle se trouvait. Tu vois le genre. Je me suis toujours demandé ce que mon oncle faisait avec une pimbêche pareille.

Alors…

33

Une maison de millionnaire

ALORS, VOILÀ ! LE MIDI DU SAMEDI 7 JUIN, APRÈS TROIS HEURES DE ROUTE, JE ME PRÉSENTE AVEC PAPA ET MAMAN AU 3321 DE LA RUE DU BOULEVARD, UNE MAISON COSSUE ADOSSÉE AU MONT ROYAL. Il fait un soleil resplendissant. Les arbres, les arbustes, les parterres, les jardins ont mis leurs couleurs estivales. Du vert partout, du rouge, du bleu, du jaune, de l'orange, du rose dans des jardinières suspendues aux balcons, dans des paniers de plastique, des corbeilles, des tonnelets, dans les allées, sur les terrasses, dans les rocailles.

J'ai failli m'étouffer avec ma gomme en voyant la façade de la maison. Roxanne a sans doute délibérément oublié de me dire que l'oncle Jean était un homme très riche. La maison n'est pas grande, elle est gigantesque, nichée au fond d'un immense jardin. On y accède par une porte en fer forgé à ouverture électronique. On contourne une longue terrasse pour aboutir à une maison en pierres grises, avec des corniches, un balcon en encorbellement sous une arche de bois, des clochetons, une corniche en saillie, et je vous passe le reste.

Mon père sonne. Un majordome nous ouvre, mais c'est l'oncle qui nous accueille. Je suis très étonné de me retrouver devant une personne d'un certain âge, au visage tout à fait lumineux sous une épaisse chevelure blanche. Je le croyais beaucoup plus jeune. On m'avait laissé entendre ou alors j'avais l'impression qu'il était le frère cadet du père de Frédéric alors qu'en réalité il est de dix ans son aîné.

Derrière notre hôte, à trois pas de lui, Frédéric. Je voudrais me jeter dans ses bras, mais les circonstances, les règles de bienséance et surtout le saisissement qui s'est emparé de moi à l'idée de me trouver dans un pareil environnement, me retiennent.

J'ai du mal à enregistrer le fait qu'un homme seul puisse habiter au milieu d'une si grande maison et entouré d'un tel luxe. Et encore, je ne vois que le hall ! Derrière, il y a le grand escalier, à droite le grand salon, à gauche une bibliothèque, un bureau, un vivoir, un deuxième petit salon, puis une immense salle à manger lambrissée d'acajou, avec une superbe cheminée en marbre, une longue table en bois massif, cernée de douze fauteuils recouverts de cuir vert. Mais ce qui attire le plus le regard et ce qui donne son lustre à cette pièce déjà impressionnante, c'est ce vitrail qui occupe la moitié supérieure du haut mur principal en ogive. Il en coule une belle lumière colorée.

Frédéric a bien vu mon malaise. Pour dire les choses telles qu'elles sont, j'aurais préféré que lui et moi, nous nous retrouvions dans un décor moins intimidant. Je ne m'y sens pas à l'aise du tout. Quant à papa et maman, ils ne semblent pas du tout impressionnés, comme si l'endroit leur était familier. En voyant l'accueil chaleureux que leur accorde notre hôte, obligation m'est faite de constater qu'ils se connaissent déjà assez intimement pour s'appeler par leur prénom.

— Vous vous connaissez ? ne puis-je m'empêcher de souffler à l'oreille de maman.

— Oh oui ! Depuis une bonne dizaine d'années. Jean est un grand mélomane et un important donateur auprès de l'OSM. Ton père et moi sommes venus à quelques reprises ici dans des soirées d'après-concerts. Nous ne t'en avons jamais parlé ?

— Non ! ai-je répondu sans qu'elle entende ma réponse tout occupée qu'elle est à se joindre à la discussion qui anime les retrouvailles entre papa et l'ami Jean.

Frédéric s'est approché. Il a déposé pudiquement un baiser sur ma joue et il a pris ma valise.

— Viens ! me dit-il en m'entraînant derrière lui vers le grand escalier. Les chambres sont au premier étage. Le second est réservé au personnel.

Il m'a conduit à sa chambre que nous partagerons le temps que durera mon séjour ici. Si je me rends en finale, cela nous laisse huit jours pleins, car la grande finale est prévue pour samedi soir prochain à la Maison symphonique avec l'OSM.

En pénétrant dans la pièce, je suis étonné par deux choses : sa taille (elle fait au moins quatre fois la mienne) et le fait qu'on n'y trouve qu'un seul, mais immense lit.

— C'était la chambre de ma tante avant qu'ils ne divorcent, m'explique Frédéric en me lançant un clin d'œil malicieux. Heureusement, la vieille chipie n'est plus là. Je n'aurais pas supporté de vivre sous le même toit qu'elle. Ce qu'elle pouvait être déplaisante ! Et molasse ! On aurait dit une méduse échouée depuis trois jours, toute gluante sous ses fards et son maquillage… L'oncle Jean a changé tout le mobilier. Alors ça te plaît ?

— Il n'y a qu'un seul lit ! ne puis-je m'empêcher de souligner.

— Oui !

— Nous allons coucher dans le même lit ?

Je vois bien que mes hésitations et mon malaise grandissant n'ont pas échappé à mon ami.

Il y a un lourd silence. Frédéric ne bouge pas. Il tient toujours ma valise dans sa main. Elle est pourtant très lourde. Elle contient mes vêtements de ville et mes deux habits de concert, mes partitions, mes produits de soin pour la peau (je fais une poussée d'acné fort désagréable) mes souliers, pyjamas, accessoires de toilette.

— Le lit est assez grand, marmonne Frédéric d'une voix éteinte. Si tu le souhaites, on pourra y mettre une travée de coussins qui nous séparera. Il y a aussi une des six chambres d'invités qui est disponible. Ou même une des chambres au second avec les domestiques si tu te sens plus à l'abri.

Il dépose la valise à ses pieds et, sans me regarder, il se dirige vers la porte que nous venons de franchir.

— Où vas-tu ? que je lui demande.

— Chercher une femme de ménage pour qu'elle te conduise à la chambre d'invité au bout du corridor. Tu y seras plus à l'aise, me répond-il presque brutalement. Nous l'avions réservée pour maître Menaldi. Il prendra la chambre lilas, voilà tout.

Je vois bien que je l'ai blessé. Alors, je me suis vite dirigé vers lui. J'ai saisi sa main dans la mienne.

— Non ! ai-je dit. Ici c'est parfait. Et nous n'aurons pas besoin de mur de coussins. Des murs, il y en a eu assez comme ça !

Il ne semble pas comprendre mon allusion aux murs, mais il m'adresse le plus lumineux sourire qui soit.

— J'avais si hâte de te revoir, murmure-t-il. Je n'ai pas cessé de penser à toi. Je me rappelais sans cesse cette terrible nuit au village quand mon père nous a surpris au lit. À toutes les atrocités qu'il t'a dites. C'était affreux. Comme tu as dû souffrir… Roxanne me tenait au courant de ce qui se passait à la polyvalente. Elle me racontait qu'elle n'avait plus de tes nouvelles, que tu n'étais plus reparu à la cafétéria, qu'elle t'avait aperçu te déplaçant ainsi que tu le faisais autrefois, comme un zombie sans regarder personne. Elle était inquiète pour moi, elle était inquiète pour toi, elle était inquiète pour nous.

— Ouais ! Roxanne est un ange. Je ne sais pas où nous en serions, toi et moi, si elle n'avait pas été là… Mais tu es certain que ça ne posera aucun problème. Je veux dire… le lit… Que nous partagions le même lit. Je ne pourrais pas supporter une deuxième fois…

— Ne crains rien. Ça ne risque pas de se produire. Oncle Jean est parfaitement au courant de la situation. C'est lui-même qui a abordé le sujet avec moi. C'est un homme extraordinaire. Il m'a aidé au-delà de ce que quiconque aurait pu faire dans les circonstances. Il m'a consolé, il m'a affranchi de toutes mes peurs, de toutes mes culpabilités. Il m'a défait en petits morceaux et il m'a reconstruit en replaçant chaque pièce au bon endroit, avec patience et avec une grande délicatesse. C'est lui qui a proposé que nous partagions ma chambre. Mais, c'est vrai qu'il y a aussi tes parents et monsieur Menaldi. Eux, je ne sais comment ils vont prendre le fait que nous dormions dans le même lit.

— Ne t'en fais pas pour mon père et ma mère. Je leur ai tout dit. Ils ont très bien réagi. Je dirais même que ça nous a rapprochés. Quant à maestro Menaldi, il est en quelque sorte mon oncle Jean à moi, en moins délicat, si tu vois ce que je veux dire.

— Alors peut-être qu'on a plus qu'à être heureux ensemble ?

— Peut-être !

Il a alors refermé la porte derrière lui. Il prend mon visage dans ses longues mains chaudes, le caresse du bout des doigts. Nous avons un scrupule à nous embrasser comme ça en pleine lumière du jour, comme si l'instant ne se prêtait pas à ce genre d'intimité. Puis, un moment, je remarque ses cernes sous les yeux, la pâleur de ses joues, les vasques dans les creux des clavicules qui me semblent plus profondes qu'avant.

— Comme tu as l'air fatigué ! ne puis-je m'empêcher de souligner en caressant son visage à mon tour. Tu as tellement maigri.

— J'ai parfois de violents maux de tête, des étourdissements. J'ai aussi de plus en plus souvent de terribles douleurs au ventre.

— Ce n'est pas normal, ça. Tu en as parlé à ton oncle ?

— Non ! Je ne vais pas l'embêter avec ça. Les dernières semaines ont été extrêmement difficiles, m'avoue Frédéric en déposant ma valise sur le lit. Je ne mangeais plus, je ne dormais plus. J'avais tellement peur de t'avoir perdu à jamais. Tu ne répondais pas à mes lettres. Je n'avais aucun autre moyen de te joindre. Je ne connais ni ton adresse ni ton numéro de téléphone.

— Ç'a été terrible pour moi aussi. J'ai failli tout laisser tomber. Mon maître, monsieur Menaldi, m'a menacé de me priver de son assistance. Il m'a même conseillé d'abandonner le concours de piano, de renoncer à ma carrière de concertiste. Tu imagines ? Il m'a dit que je n'étais qu'un égoïste, incapable de voir plus loin que le bout de son nez. Il m'a sauvé la vie. C'est un homme tout à fait exceptionnel.

— Eh ben, voilà une drôle de façon de venir en aide à quelqu'un si tu veux mon avis, grimace Frédéric. Mais si tu le dis.

— Il a fait preuve d'une très grande patience, je t'assure. Et quand il l'a fallu, il a été là pour moi. J'avais besoin de quelqu'un pour me botter les fesses. J'étais en train de couler à pic. Sans lui à mes côtés, je ne serais pas ici en ce moment. Dans notre malheur, nous aurons finalement été bien accompagnés.

34

Sueurs froides, sueurs chaudes

Les journées se sont écoulées presque bellement, Frédéric, au collège de Montréal où il a été accepté à titre temporaire pour y terminer son année scolaire, moi, à mes prestations pour le concours de piano. Mes parents m'accompagnent chaque fois. Me supportent du mieux qu'ils le peuvent par leur présence et leur sourire sans jamais s'immiscer entre le maestro et moi. Entre chaque séance du concours, pour me distraire un peu et me déstresser, nous nous promenons dans le quartier des Spectacles ou sur la rue Sainte-Catherine, ou dans le Vieux-Montréal.

Le soir, nous nous retrouvons autour de la table à discuter de musique, bien sûr, de livres, de politique parfois, du dernier film à l'affiche, des concerts de l'un et de l'autre, de ma tournée l'été prochain, de sports, des déboires du Canadien, de la prochaine Coupe du monde de foot qui aura lieu au Japon et à laquelle se promet d'assister l'oncle Jean en compagnie de Frédéric…

— Pourquoi ne vous joindriez-vous pas à nous, me propose l'oncle Jean en soulevant l'enthousiasme d'un Frédéric qui se fait insistant. C'est à la fin d'août. Vous aurez terminé votre tournée en Europe. Ça vous changera les idées et ça fera une compagnie plus intéressante à Frédéric qu'un vieux chnoque comme moi. Qu'en dites-vous, jeune homme ?

Je ne sais trop quoi répondre. Mon dernier concert est prévu à Vienne le 14 août. Le départ pour le Japon se ferait le 24. Ce qui me laisse grosso modo une semaine entre ces deux voyages. Et puis ça retarderait mon entrée à l'école de deux bonnes semaines. Mais l'occasion est si belle. Le Japon, j'y suis allé il y a deux ans, mais ce fut un rapide aller-retour, le temps d'un concert. Je jette un regard interrogatif à papa, à maman. Ils sourient. Ne s'y opposent pas.

— Parfait ! lance l'oncle Jean en se frottant les mains sans me laisser le soin de dire ni oui ni non, habitué qu'il est à se faire obéir par ses subalternes. Merveilleux ! Vous verrez, mon garçon ! Le Japon est un pays remarquable. Nous en profiterons pour visiter Kyoto. C'est une ville fabuleuse. Et puis le temple Todai-Ji avec son gigantesque et célèbre Bouddha assis, en bronze, haut de dix-huit mètres, le mont Fuji et surtout le mont Koya avec son mystérieux cimetière perdu dans une forêt de pins millénaires, le parc Jigokudani et ses singes baigneurs. Vous allez revenir de là inspiré, je vous assure.

Le jeudi suivant, des sommités de la scène musicale montréalaise se retrouvent autour de la table pour un dîner de fin de spectacle. Le chef Guslav Hachek qui a, ce soir-là, dirigé l'OSM dans la sublime 7e *symphonie* d'Antonin Dvorak, ainsi que le pianiste Martin Helmchen qui a interprété le *concerto pour piano en la majeur* de Schumann sont les invités d'honneur. Les cinq pianistes encore en lice pour le concours de piano sont aussi présents pour l'occasion. C'est un dîner assez protocolaire. Mon père et ma mère semblent y prendre grand plaisir. L'oncle y brille de tous ses feux. Mais Frédéric et moi n'avons qu'une envie : fuir cette société encombrante, nous réfugier dans notre chambre, nous y coucher et… eh bien ! faire ce que tous les jeunes amants du monde font quand ils sont couchés. Dormir.

Je suis épuisé. Les séances du concours sont exigeantes, la compétition est très relevée et féroce. Les quatre autres participants assis à la table peuvent logiquement prétendre au Grand Prix. La dernière séance a été particulièrement épuisante. On a remis, aux dix concurrents restants, la partition d'une œuvre pour piano commandée par le Jury au compositeur suédois Lars Bergen : *Sonate pour cheval fou*. Une œuvre relativement courte – moins de six minutes – mais d'une excessive complexité. Nous avions l'avant-midi pour la travailler avec notre maître, puis la partition nous a été retirée à midi. Elle ne nous a été remise que dix minutes avant notre performance devant le jury en après-midi. Débile ! Je n'ai jamais été aussi stressé de toute ma vie. Heureusement, je m'en suis sorti avec les honneurs. Je ferai donc partie du groupe restreint des cinq demi-finalistes.

La prestation est prévue pour demain en soirée à la Maison symphonique en présence de l'Orchestre Métropolitain. Nous devrons nous commettre dans une sonate de notre choix de moins de six minutes, ainsi que dans une œuvre qui nous a été imposée, différente pour chacun. Spectacle oblige ! On ne voulait pas imposer au public présent dans la salle la répétition toujours un peu assommante d'une seule œuvre. Pour ma part, je devrai me produire dans le *troisième mouvement du concerto n*° 2 de Brahms.

Le choix de la sonate n'a pas été facile.

— Tant qu'à être dans les chevaux, m'a proposé maître Menaldi, pourquoi ne pas y aller avec la *sonate Grand galop chromatique* de Franz Liszt.

J'ai été étonné par la proposition de mon vieux maître. C'est une œuvre démente. Rien qu'à lire la partition, on a le tournis. Les deux mains sont constamment sollicitées dans des mouvements convulsifs qui s'opposent. L'exécution doit se faire à une vitesse vertigineuse. Le tout se termine sur une longue Coda très difficile à jouer en raison des accords clamés associés à des déplacements exigeants de la main gauche, des staccatos dans une longue descente utilisant la gamme par tons et chromatique à la fois. Il faut du souffle et de l'envergure pour s'attaquer à cette sonate dans un concours de piano. Si l'œuvre est courte - normalement elle se joue en moins de trois minutes cinquante - elle n'en est pas moins épuisante et redoutable. Nous avons beaucoup discuté les pour et les contre de ce choix, car il y a quelques risques à m'exécuter dans une œuvre aussi peu connue du public.

— Ce n'est pas le public que vous devez séduire, c'est le jury, me fait remarquer maestro Menaldi. Or, j'ai bien étudié la composition du jury. Je connais tous ses membres personnellement. Pour trois d'entre eux, ils aiment qu'on les surprenne. Ce sont des personnalités fortes et audacieuses. Il y a aussi cette Almudena Ferès, une hystérique qui s'enthousiasme pour un rien et dont les goûts et les humeurs sont parfaitement imprévisibles. J'ignore à quoi m'attendre d'une personne aussi volatile et instable émotivement. Je me demande d'ailleurs ce que fait cette dame sur un jury international. Mais que voulez-vous, mon garçon, il faut faire avec, comme on dit ici. Enfin, il y a le cas du vieux Castermann. Lui, c'est nettement plus délicat. Voilà un homme rigoriste à l'extrême, plutôt austère et impitoyable, ancré dans la tradition. Il ne pardonne rien, surtout pas une fausse note, encore moins un tempo mal calibré. Or avec les staccatos de la fin de la sonate, il va vous falloir être particulièrement précis. Mais cette œuvre vous la connaissez parfaitement bien et vous l'interprétez avec assurance. Je crois que vous pouvez vous lancer sans aucune crainte.

— Maestro, vous ne croyez pas qu'il y a le danger qu'on me reproche une pareille audace, voire une certaine arrogance, surtout de la part de maestro Castermann.

— Vous avez un avantage avec ce vieux bouc, il adore Franz Liszt.

— Mais quand même, le *Grand galop* est une œuvre qu'on ne recommande pas aux concertistes débutants.

— Et c'est une grave erreur, si vous voulez mon avis. Le *Grand galop* s'adapte très bien à la fougue de la jeunesse… Bien sûr, il y a des risques à jouer une sonate pareille dans un grand concours international. Mais il faut vous démarquer et, pour cela, nous n'avons pas le choix de prendre des risques calculés. Cette pièce, vous la possédez parfaitement bien.

La discussion s'est poursuivie pendant quelques minutes encore. Maestro m'a demandé de la lui jouer. Je me suis exécuté. Son silence à la fin était admiratif. Finalement, nous nous sommes mis d'accord sur ce choix plutôt surprenant et nous l'avons fait essentiellement pour deux raisons. La première, pour me démarquer du concerto de Brahms qui exige beaucoup de rigueur et de retenue. C'est une musique douce, mélancolique et d'une *langueur monotone*, aurait rajouté Verlaine s'il avait eu à la décrire. La seconde raison est bien plus fantasque : pour surprendre, éblouir par l'audace, stupéfier par l'exécution que je suis en mesure de fournir.

Voilà pourquoi, je suis fatigué. Voilà pourquoi j'ai hâte que Frédéric et moi puissions nous retirer dans notre chambre. Et cette envie est d'autant plus forte chez moi que le jeune représentant russe au Concours de piano, un certain Venceslav Chermakov, un garçon bourré de talent, beau comme un dieu et prétentieux comme un paon, n'a de cesse de zieuter Frédéric depuis le début du repas en lui faisant des yeux doux. Et je crois discerner dans l'attitude de mon jeune amant qu'il n'est pas insensible aux charmes du bel Adonis fraîchement tombé des steppes sibériennes.

Finalement, la réception prend fin vers deux heures du matin. Fourbus, nous allons enfin nous coucher. Ni Frédéric ni moi n'avons l'énergie de nous abandonner aux ébats conjugaux. Frédéric, pendant quelques minutes, se plaint de violents maux de ventre qu'il attribue à ce qu'il vient d'avaler au souper. C'était pourtant un repas plutôt léger : un soufflé à l'artichaut, un poisson blanc, sauce échalote, purée de carottes et de navet, riz basmati, et pour dessert un flottant au lait de citron. Il s'est blotti contre moi et s'est endormi. Il est tout chaud. J'ai du mal à trouver le sommeil. Je suis inquiet de l'état de santé de Frédéric. Ces maux de ventre le poursuivent depuis mon arrivée ici. Ils se font de plus en plus fréquents et violents. En posant ma main sur son ventre, je constate qu'il est très dur. Il m'a avoué n'être pas allé à la selle depuis trois jours. Il a la tête posée dans le creux de mon épaule. Il respire doucement. En lui caressant les cheveux qui encombrent son visage, je constate que sa tête est en sueur. Je ferme les yeux et je finis par m'endormir à mon tour.

35

Bonnet vert, vert bonnet

CETTE NUIT S'EST JURÉE D'ÊTRE BRÈVE. À quatre heures trente, Frédéric se réveille en sueur et en se tordant de douleur dans le lit. Je cours réveiller l'oncle Jean qui se précipite au chevet de Frédo. Dans la maison, c'est aussitôt le branlebas de combat.

L'ambulance arrive quinze minutes plus tard. On transporte le malade aux urgences du CHUM. On lui fait passer quelques brefs examens, puis on le dirige tout de suite vers la salle d'opération. Une appendicite aiguë est sur le point de virer en péritonite si on n'opère pas immédiatement. En ouvrant, on voit qu'il est déjà trop tard, l'abcès a crevé. La péritonite s'est installée et les difficultés ont commencé.

Trois heures dans le bloc opératoire. À la sortie, le chirurgien qui a procédé à l'ablation de l'appendice n'est pas très encouragé, pas désespéré non plus. Plutôt préoccupé, je dirais.

— Ç'a été bien plus compliqué que prévu. L'infection était très avancée. Mais il s'en est bien sorti. Il ne devrait garder aucune séquelle de cette mésaventure sinon une cicatrice au bas du ventre. Cependant, l'état général de Frédéric n'est pas très reluisant, une maigreur excessive, une fatigue inexpliquée comme vous nous l'avez signalé, monsieur Satie, une couleur de peau inhabituelle, un sang pauvre en oxygène, en globules rouges et en plaquettes, donc très sensible aux infections et aux hémorragies. Il nous en a d'ailleurs fait une qu'il a fallu juguler avant de continuer l'opération… Nous allons procéder à un examen plus approfondi pour voir si Frédéric ne serait pas en train de nous faire une légère mononucléose. Tout ça n'est pas très grave. Chez les jeunes, la mononucléose est une infection courante et habituellement bénigne. Mais dans l'état où se trouve notre jeune ami, ça va compliquer et rallonger la période de rétablissement. Il sera maintenu en isolement et sous perfusion. Ça le rendra somnolent et sûrement passablement confus. Nous voulons qu'il se repose au maximum et qu'on lui évite tout effort, douleur ou émotions. Nous allons donc le garder aux soins intensifs durant tout ce temps… Je crois qu'il serait sage de le soustraire au stress d'une fin d'année scolaire qu'il ne sera pas en mesure d'assumer de toute façon… Si je peux me permettre un conseil, Monsieur Satie : peut-être devriez-vous avoir avec ce jeune homme une bonne discussion concernant son régime de vie : son niveau de stress, son alimentation, ses activités physiques, la qualité de son sommeil. Frédéric donne tous les symptômes d'une personne qui en a pris un peu trop large avec la vie ces derniers mois. Je ne suis pas psychologue, mais il va peut-être falloir qu'il réévalue ses objectifs de vie, qu'il révise ses priorités.

J'ai failli crier en entendant parler le docteur. *Réévaluer ses objectifs de vie ! Réviser ses priorités !* Et puis quoi encore ! Les adultes ont une manière de simplifier les choses, je vous jure ! Pour eux, toutes les solutions passent soit par les pilules, le bistouri ou le cabinet du psy.

Je vais vous dire le nom de la maladie qui frappe Frédéric : son père ! Ce n'est pas plus compliqué que ça. Je le sais, car j'ai moi-même goûté à son traitement et j'ai failli y laisser une partie de mes rêves et ma carrière de pianiste.

Un moment, je lève la tête et j'observe les adultes un peu désemparés qui fixent le docteur qui continue à débiter son petit discours de circonstance.

— Est-ce que je pourrais voir Frédéric quelques instants ? que je demande abruptement en interrompant le médecin. Je dois absolument lui dire une chose qu'il est le seul à être en mesure d'entendre et surtout de comprendre.

— Oh ! Mon jeune ami ! C'est beaucoup trop tôt. Frédéric vient de subir une grave intervention chirurgicale. Votre frère a besoin de repos et de tranquillité.

— Ce n'est pas mon frère, nous nous aimons, ai-je répondu d'un ton sec.

Le médecin reste un moment figé par mon affirmation. Un malaise traverse son visage accompagné d'un court regard vers mes parents et vers l'oncle Jean qui ne bronchent pas d'un iota. Quand il reprend, sa voix s'est faite plus conciliante.

— Ne seriez-vous pas le fameux François dont nous a parlé Frédéric avant que nous ne l'endormions ?

— C'est moi, en effet !

— Oui ! François Mo... quelque chose.

— Moshar ! que je complète en grimaçant.

— Tout à fait ! Il n'a pas cessé de mentionner votre nom jusqu'à ce que le sédatif fasse son effet. J'ignorais de qui il parlait. Un pianiste de concert, à ce que j'ai cru comprendre. Je vous imaginais bien plus âgé.

— J'ai seize ans !

— C'est jeune pour se prétendre pianiste de concert.

— Je ne prétends rien ! ... Frédéric et moi nous nous aimons.

— Oui ! Ça, je crois en effet l'avoir compris... Eh bien ! Dans ce cas, mon jeune ami, il vous sera facile de comprendre puisque vous prétendez aimer... Dites-moi, mon garçon, il vous ... Il vous aime aussi ? ... Je veux dire, c'est ...

— Tout à fait réciproque, docteur, je vous assure ! que je réponds sans laisser le temps au toubib de terminer sa phrase.

— Bien ! Dans ce cas, comme j'ai commencé à vous le dire, il vous sera facile de comprendre que nous devions laisser à votre ...

Il hésite sur le mot à employer.

— Amoureux ! lui soufflé-je.

Cette fois, l'homme au bonnet de chirurgien a souri. Il semble se détendre en constatant que mes paroles ne soulèvent ni chez mes parents ni chez l'oncle Jean la moindre réaction négative.

— Dans ce cas, il vous sera facile de comprendre que nous donnions priorité au rétablissement de votre compagnon. Il a besoin de repos. Et de plus, dans l'état où il est, Frédéric n'est pas en mesure d'entendre et encore moins de comprendre un seul mot de ce que vous pourriez avoir à lui dire. Il est toujours plongé dans un profond sommeil en raison du sédatif. Il en a encore pour quelques heures avant de reprendre connaissance. Et même alors, les patients demeurent passablement confus. Ils ne sont pas en état de soutenir une conversation cohérente et soutenue avant une bonne journée... Vous devriez aller prendre quelques heures de repos, mon garçon. Vous me semblez épuisé. Vous êtes cerné jusqu'au menton. Mais à votre âge, toute trace de fatigue s'efface avec quelques heures de repos. Revenez ce soir.

— Ce soir, il sera trop tard et de toute façon je ne pourrai pas venir ce soir. Je serai à un concert.

— Alors peut-être en fin d'après-midi ?

Cette fois, c'est mon père qui prend la parole en confrontant le chirurgien.

— En fin d'après-midi, mon fils sera en train de travailler avec son maître de piano les pièces qu'il doit présenter ce soir au Concours international de piano de Montréal. Le concert, docteur, c'est lui qui le donne à la grande salle de L'OSM de la Place des Arts. Mon fils est en effet un pianiste prodigieux qui s'est exécuté dans quelques-unes des plus grandes salles du monde : New York, Paris, Londres, Berlin. Nous sommes très fiers de lui. Il prépare une tournée en Europe pour cet été.

Le médecin semble mettre quelques secondes à enregistrer les informations que vient de lui livrer mon père. Son regard étonné passe de mon géniteur à moi sans trop savoir quoi dire. Quant à moi, je fixe mon père avec des yeux remplis d'admiration et de gratitude.

— Eh bien, Monsieur... ! marmonne le docteur en cherchant le nom de papa dont il ne semble pas se souvenir. Excusez, Monsieur. Je suis un peu fatigué c'est ma quatrième intervention chirurgicale de la journée. Je suis un peu fatigué. Monsieur... ?

— Moshar ! Sébastien Moshar ! en tendant la main vers le chirurgien. Et voici mon épouse, Valérie Rancourt, une grande violoniste de concert.

— Enchanté, madame ! Je présume que vous êtes la maman de ce magnifique jeune homme ?

— Tout à fait ! Et très fière de l'être ! répond maman en m'enserrant les épaules avec douceur.

— Oui, je comprends ! grommelle le chirurgien en retirant son bonnet vert. Vous avez toutes les raisons du monde d'être fière de votre fils.

Je vois apparaître un sourire sur les lèvres du médecin. Il se tourne alors vers moi. Il me fixe un long moment. Je m'étonne à découvrir dans ces yeux bleus et fatigués un éclat de bonté humaine brillant comme un rayon de soleil en plein été.

— Vous semblez un jeune homme déterminé, plein de talent et prodigieusement entouré d'affection et d'amour. Frédéric a bien de la chance d'être aimé d'une personne telle que vous... En parlant d'amour et considérant la relation de grande intimité que vous entretenez avec Frédéric, considérant que votre ami est atteint de mononucléose et que la mononucléose est une maladie infectieuse qui se transmet par la salive... Vous me suivez n'est-ce pas, jeune homme ? ... Je crois qu'il serait prudent dans votre cas que nous procédions à une analyse sanguine afin de nous assurer que vous n'avez pas été infecté. Je ne crois pas que vous l'ayez été. Vous ne présentez aucun symptôme. Il serait mieux de ne prendre aucun risque inutile. C'est une affaire de deux minutes et nous serons tous rassurés. Surtout que vous préparez une tournée de concerts à l'étranger cet été. C'est une raison de plus, ne croyez-vous pas ? Cette petite formalité complétée, je vous conduirai moi-même auprès de votre jeune amoureux.

Cinq minutes, plus tard, le médecin et moi nous rejoignons la section des soins intensifs. Après avoir parlé avec le personnel attaché aux soins aux patients, il m'abandonne devant la chambre six.

— Je vous laisse, Monsieur Moshar. Cinq minutes, pas plus, ensuite vous irez dormir. Vous avez aussi une rude journée devant vous si j'ai bien compris. Inutile de vous rendre malade, vous aussi.

Le médecin s'éloigne. Je reste immobile devant la porte quelques secondes puis j'entre.

Je suis étonné par l'obscurité qui règne dans la pièce sans fenêtre où je me trouve. Seule une petite lampe-girafe attachée au mur éclaire faiblement le lit. Aucun mobilier, que le lit et une table de chevet, pas de chaise ni de fauteuil. Frédo est bien là, sous perfusion, branché par différents fils à une machine qui enregistre ses signes vitaux. Couché sur le dos, il dort. Pas un seul mouvement. Il se repose enfin, comme libéré enfin d'une trop lourde charge. Je saisis doucement sa main dans la mienne, je lui caresse les doigts. Ils sont tout chauds. Il ne réagit pas. Je suis étonné par la blancheur de sa peau. On dirait qu'on vient de la passer dans un bain d'eau de javel. Il est toujours aussi beau, mais avec un côté vulnérable qui sublime cette beauté formelle pour la rendre plus humaine, plus fragile.

Je me penche vers lui. J'abandonne un baiser sur ses lèvres, sur sa joue, ses yeux, sur son front. Aucune réaction. Puis, toujours penché sur son oreille cette fois, et toujours avec une douceur infinie, je lui parle.

— Tu vas te reposer un peu ici. Moi, je suis occupé avec le Concours de piano. Je t'avoue que je ne sais pas comment je vais m'en sortir ce soir. Cette nuit blanche m'a épuisé. Je vais dormir quelques heures, mais je ne suis pas sûr de trouver le sommeil. Et puis je dois revoir les deux pièces que je vais devoir interpréter ce soir… Je veux te dire que gagner ou perdre n'a plus grande importance pour moi. J'ai seulement hâte que nous nous retrouvions, toi et moi. C'est, pour l'instant, l'unique chose qui compte pour moi. Je voulais aussi te dire que ce soir je vais jouer pour toi. Je vais y mettre toute mon âme. Je t'aime, Frédéric. Je sais que tu m'entends. Si tu le peux, envoie-moi un peu de ton énergie. Je n'en ai plus beaucoup.

Je dépose un dernier baiser sur la bouche de mon amant endormi. Ça le réveillera peut- être que je me dis. On ne sait jamais. Après tout, ça a déjà fonctionné une fois avec Blanche-Neige. Mais, bien sûr, je ne suis pas un Prince Charmant. Alors… Eh bien, Frédéric ne bouge pas, ne frémit pas, ne s'éveille pas.

Je me suis redressé. J'ai regardé mon amour une dernière fois. J'ai cru une fraction de seconde qu'il me souriait. J'ai souri aussi et je suis parti.

36

Col dur et nœud papillon

DE RETOUR À LA RÉSIDENCE DE L'ONCLE JEAN, J'AI PRIS UNE LONGUE DOUCHE. J'ai dû rester sous l'eau une bonne dizaine de minutes après m'être frictionné au savon, à simplement laisser couler l'eau sur ma tête et sur tout mon corps. Je ne pense à rien, ni à Frédéric, ni au concours, ni au concerto de Brahms encore moins au *Galop chromatique* de Liszt. Aucune image, aucun son, que l'eau qui enveloppe mon corps comme une couverture chaude et caressante.

J'ai pris mon petit-déjeuner seul. Dans la maison, tout est tranquille. Quelqu'un pianote dans le grand salon, une valse de Chopin. Magnifique. C'est sûrement le maestro. Tous les autres dorment dans leur chambre.

Je le rejoins. Il me fixe avec ce demi-regard extasié qu'ont tous les pianistes quand ils interprètent une œuvre qui les inspire vraiment.

Je m'assois sur le sofa. Je l'écoute de longues minutes, les yeux fermés. La musique s'arrête bientôt.

— Allez vous coucher, m'ordonne-t-il d'une voix paisible. Dans l'état où vous êtes, Monsieur Moshar, vous ne valez pas une double croche.

Je me suis retiré dans ma chambre. Je me suis mis au lit. Mais, je ne crois pas avoir dormi, du moins pas profondément. Somnolé peut-être. Mon esprit qui semblait avoir pris le large sous la douche s'agite aussitôt que j'ai posé ma tête sur l'oreiller. Mille idées se bousculent, culbutent et s'entrechoquent dans mon cerveau comme des vagues au milieu d'un océan soumis aux vents de grandes tempêtes.

J'ai pourtant dû dormir assez profondément, car le temps s'est écoulé à la vitesse d'un supersonique. Quand ma mère vient me réveiller, il est trois heures de l'après-midi. J'ai dormi plus de cinq heures. Mais je me lève fourbu et courbaturé comme si j'avais passé une deuxième nuit blanche.

Quand je vois l'heure, je panique. Je n'ai pas touché au clavier depuis hier. Maître Menaldi me calme de son regard plein de sollicitude.

— Prenez le temps de bien vous réveiller. Inutile de vous énerver. Vous êtes prêt. Nous allons réviser tout ça après que vous aurez avalé une bouchée. Il faut vous sustenter d'abord.

Il faut donner à votre corps le carburant nécessaire qui lui permettra d'obéir aux ordres de votre cerveau.

Une soupe au poulet. Un spaghetti carbonara, de l'eau glacée.

Suivent deux heures trente de pratique avec mon vieux maître. Contrairement à mes appréhensions, tout se passe merveilleusement bien. Je n'ai pas une seule fois pensé à Frédéric, comme si tout ce qui le concernait se passait en dehors de ma sphère de conscience.

Et puis vient l'heure de me préparer à partir. Maman a préparé mon costume de pingouin qu'on désire me faire porter pour le concert avec cette chemise à col dur et ce maudit nœud papillon que j'exècre.

— On ne doit rien négliger, m'explique maître Menaldi après m'être plaint de devoir m'exhiber dans un pareil accoutrement. N'oubliez pas que nous devons séduire ce vieux croûton de Castermann. C'est un indécrottable conformiste pour qui le désordre extérieur est le reflet du désordre intérieur. Pas de chandail, pas de col déboutonné, une rigueur stricte dans la tenue participe, selon lui, au respect qu'on accorde à la musique qu'on interprète. Et je placerais, la juge nº 3, la Polonaise Jadzia Lesniak dans la même catégorie, même si, sur le plan musical, elle est beaucoup plus réceptive à la créativité. Inutile de vous les mettre à dos en partant.

— Eh bien ! maestro, je ne suis pas d'accord. C'est ridicule, absurde et bête. Je refuse de tomber dans ce genre vision rétrograde. Je joue du piano, je ne participe pas à une soirée mondaine ou encore moins à un défilé de mode de chez *Classy*[4]. Je porterai mon chandail noir en laine mérinos à col cheminée et mon pantalon noir.

— Alors, souliers noirs et veston.

— Souliers noirs, mais pas de veston. Je déteste porter un veston. Vous voulez que je fonde sur scène ?

— Pas de veston ? fait mon vieux maître en grimaçant.

— Pas de veston !

Et ce soir-là devant une salle comble, je me présente vêtu de mon smoking, avec la veste et la chemise blanche de gala. Je n'ai pu résister aux objurgations de maman qui a insisté pour que je porte une tenue de circonstance. Mais je ne porte pas le nœud papillon et j'avance sur scène le col de ma chemise ouvert. Je me suis au moins permis ce petit écart aux bons usages.

Applaudissements nourris. Je suis le dernier à se produire. Jusqu'à maintenant, je n'avais pas le trac. Je ne l'ai toujours pas. Du moins pas autant que je l'avais prévu. Sans

4 *Classy* : magasin réputé de vente et location de smokings, depuis 1919 à Montréal.

doute est-ce dû au fait que le concurrent précédent a fait trois fausses notes dans son programme et que la jeune Japonaise, Ritsuko Okada, a offert une sonate plutôt décevante, *Tristesse*, l'étude n° 3 de Chopin.

J'ai alors baissé les yeux. Devant moi, dans la quatrième rangée, je les ai vus. Maman, papa, l'oncle Jean, puis sur le fauteuil à sa droite, Frédéric. Deux roses rouges attachées par un long ruban blanc décorent le dossier du fauteuil que Frédo aurait dû occuper. Car, bien sûr, Frédéric n'est pas là. Il est à l'hôpital. Il doit à peine commencer à émerger des vapeurs dans lesquelles le maintenait depuis tôt ce matin le sédatif qu'on lui a administré lors de l'opération.

Mais, là, subitement, j'ai ressenti sa présence comme si on venait de me donner un coup de poing au ventre. Il est là, à mes côtés, sur le banc de piano. Je vois son sourire, je sens son souffle jusque sur ma peau. Je vois sa belle tête blonde penchée sur mon épaule. Alors, le trac que je n'ai pas encore ressenti afflue en moi comme une déferlante. J'ai du mal à retenir le tremblement de mes mains. Je ne parviens plus à respirer normalement. Où est ma main droite, et ma gauche... ? « *Ce soir, je vais jouer pour toi. Je vais y mettre toute mon âme !* » lui ai-je promis ce matin. Je prends un long soupir. Je ferme les yeux, un court moment. « *Mes doigts, obéissez-moi !* » que je répète dans ma tête. Le calme revient, le tourbillon qui avait envahi mes oreilles un instant plus tôt a disparu. Je regarde le chef invité, le maestro taïwanais Yao-Yu Wu. Un sourire de sa part. Signe de tête de ma part. Il lève sa baguette, la redescend lentement. Violoncelle dans un doux lamento, auquel se joignent les violons altos, le corps de violons, puis retour du violoncelle, la flûte qui lui répond et là, doucement, pianissimo, les premières notes du piano. Quatorze minutes d'allégresse, tout en retenue. Un mouvement sublime. Le violoncelle s'éteint, le piano ensuite. Court moment de silence. Puis explosion dans la salle. Applaudissements, bravos. Les musiciens qui tapent avec leur archet sur leur trépied. J'ai bien joué. Le reste, les résultats à cette demi-finale du concours, je ne peux rien y faire. Ce que j'avais à faire, je l'ai fait. Une voix s'élève bientôt au-dessus des vivats qui se tarissent presque aussitôt. Tout le monde se rassoit.

« *Monsieur François Moshar a choisi d'interpréter la sonate du Galop chromatique de Frans Liszt.* »

Quelques mouvements dans la salle, des hoquets d'étonnement chez certains connaisseurs. Un silence total. Frédéric s'est installé à nouveau bien droit sur le banc. Il me regarde en souriant. Mes mains sont posées sur mes cuisses. Je fixe le clavier. Je lève les deux mains. Un long soupir. Je les abats sur les touches et me voilà parti pour quatre minutes quarante-huit secondes de jeu dans une frénésie diabolique. Je vois mes mains, chacun de mes doigts qui frappent les touches et qui dansent, s'envolent d'un bout à l'autre du clavier à une vitesse que je contrôle sans trop savoir comment. Je ne réfléchis plus, je n'entends plus, je ne vois plus. Je sens la musique. Elle s'agite en moi, au-delà de mes sens. Elle s'élève dans les airs et retombe dans la salle, et glisse sous mes doigts, se fait et se défait. Un cheval au galop, une bourrasque dévastatrice, diabolique, si intense que l'air se fige. L'eau perle à mes yeux. Je me glisse, je coule dans cette folie frénétique, au cœur de cet éclatement de notes hystériques. Et puis m'abandonnant à tout, retenant le geste une fraction de seconde ici, puis une autre là, par respect pour les staccatos imposés par Liszt, avec cet espace de temps mesuré au millième de seconde près, je m'élance vers l'apothéose finale. Puis à nouveau le silence. Je repose mes mains sur mes genoux. La salle est debout, je me lève, je salue. Fin.

En rentrant à la maison, j'ai demandé à papa de me conduire au CHUM. Je suis monté au troisième étage par l'ascenseur. Je me suis rendu aux soins intensifs. J'ai ouvert la grande porte, j'ai pris à droite. Chambre 6. J'ouvre. La pièce est toujours plongée dans le noir. Une lumière bleue émanant du moniteur qui indique les signes vitaux du patient tapisse d'une clarté cafardeuse les alentours du lit où est étendu Frédéric. Sa tête est posée sur un oreiller. Un drap couvre son corps jusqu'aux aisselles. Les deux bras sont à plat le long de son corps. Il me semble que sa position n'a pas changé depuis ce matin. Comme il est beau ! Les ombres sous ses yeux semblent s'être estompées. Mais je n'en suis pas certain en raison du manque de clarté. Je me penche. Je l'embrasse. Je porte ma main à son front. Il réagit. Un petit mouvement de la tête, il ouvre faiblement les yeux, me fixe comme s'il ne me reconnaissait pas. Puis un léger sourire. Un soupir qui s'échappe de sa bouche.

— Ce soir, articule-t-il en détachant chaque mot comme s'il se les arrachait de son cerveau embrouillé, tu as joué comme un dieu... Je t'aime, monsieur Moshar.

— Je t'aime, monsieur Satie ! ai-je murmuré la voix tremblotante tant mon émotion est grande.

— As-tu remarqué, mon amour, que... que si tu enlèves... tu enlèves le H de ton nom... cela fait... cela fait Mosar ! Mozart !

Il m'abandonne un dernier sourire, ferme les yeux et se rendort.

Je n'ai rien répondu. Étonnamment, je n'avais jamais fait le rapprochement entre mon nom absurde et celui du grand Wolfgang Amadeus Mozart. J'ai regardé Frédéric dormir quelques minutes. Puis je me suis penché une dernière fois sur lui pour l'embrasser.

— La dernière épreuve aura lieu demain soir. Je reviendrai te voir après, que je lui murmure à l'oreille. Perds ou gagne, de toute façon, je gagne, car tu es là. Je te laisse. Je suis abruti de fatigue.

Le lendemain, après la finale du Concours de piano de Montréal, je suis allé voir Frédéric à l'hôpital. Je ne l'ai pas trouvé. Il a été transporté dans une chambre à l'étage. Mon père a insisté pour que nous retournions à la réception qui se tient à l'hôtel Reine-Élizabeth où sont réunies plus de quatre cents personnes pour souligner la clôture du Concours de piano autour d'un gargantuesque buffet de fruits de mer. On a présenté les trois finalistes à la foule. La soirée s'est terminée au milieu de la nuit.

Et puis nous sommes rentrés à la résidence de l'oncle Jean. Pendant les deux jours suivants, j'ai passé l'essentiel de mes journées à l'hôpital. Frédéric est bien réveillé, bien conscient et en relative bonne forme. Nous avons beaucoup parlé. Je lui ai lu le *Petit Prince* de Saint-Exupéry. Il n'avait jamais lu ce livre. Il a trouvé ça très beau. Moi, c'est lui que j'ai trouvé très beau. Un moment, je me suis étendu à ses côtés. J'ai mis ma main dans la sienne. Il a posé sa tête sur mon épaule et nous nous sommes endormis.

Mouvement final
(Andante moto e vivace)

37

Trac fou et petits fours

Il règne une certaine frénésie dans le grand salon qui jouxte la salle du PEP où sont réunis une trentaine de musiciens autour d'un buffet qui leur permet de grignoter des pointes de sandwichs, des pâtés, des fromages et des crudités, des roulés, salades, macarons et gâteaux, avec thé ou café. Tous ont déjà revêtu leur costume de gala.

Il y a un va-et-vient entre le grand salon et la scène où tout est déjà monté. Plusieurs musiciens y ajustent leur instrument en le faisant vibrer dans la salle afin d'obtenir une sonorité parfaite en fonction des qualités acoustiques du lieu. Les archets s'activent sur les violoncelles et les contrebasses pendant qu'en fond de scène les marteaux des percussionnistes s'agitent sur les peaux des tambours qu'on tend ou détend afin qu'elles produisent le son désiré.

Moi, je me suis réfugié dans ma loge. Je suis en train de me taper le plus gros trac de toute ma carrière. À 81 ans, c'est un peu bête, mais sans doute est-ce normal compte tenu des circonstances.

Je me bats contre les mouvements de nostalgie qui s'agitent dans mon esprit. J'ai du mal à faire le vide en moi. Tant d'événements importants se sont passés ici. Des fantômes reviennent me visiter. Une vie tout entière consacrée à la musique a débuté ici et s'achèvera dans cette salle. Alors, ils sont là, quelque part, tous ceux qui n'y sont plus : mon vieux maître Menaldi qui m'a soutenu avec une telle générosité durant tant d'années, mon père, ma mère, mon frère et ma sœur qui sont aussi disparus, et même le père de Frédéric qui avait fini par accepter la situation et qui s'était finalement avéré un homme plein de sollicitude à l'égard de Frédéric et de moi-même à la fin de sa vie. Ils sont là. Je les sens tout près de moi. Ils doivent me sourire. C'est une pensée qui me console et qui m'apaise.

Bien sûr, il y a des souvenirs moins heureux. Tous ces mouvements de terreur qui m'ont habité durant toutes mes années de scolarité à la polyvalente, mes angoisses, mes obsessions, mes désirs, mes douleurs, mon mal de vivre. Le regard de Frédéric, la première fois, la petite table de la cafétéria où je me réfugiais et ces longs corridors sombres que j'arpentais tel un zombie.

Et mes trois murs. Ils sont là, eux aussi. Ils ont toujours été là, guettant sans doute le moment propice pour ressurgir et reprendre leur place. Le mur de la solitude, celui de la notoriété trop jeune acquise, et surtout, surtout celui de la honte que j'éprouvais en raison de mon orientation sexuelle; mes trois murs qui m'excluaient de tout commerce avec le monde et derrière lesquels je me suis senti si bien protégé et pendant tant d'années. Non! Ils ne s'en sont jamais allés vraiment. Ils sont restés des compagnons encombrants, certes, mais des compagnons tout de même qu'il m'a fallu apprendre à tenir à l'écart sans jamais être capable de m'en séparer tout à fait. Ces trois murs me définissent en bonne partie. Peut-être ont-ils, dans une certaine mesure, contribué à faire de moi l'homme que je suis devenu. J'aime à croire qu'ils ne furent pas là pour rien, qu'ils me servirent peu ou prou à ne pas sombrer dans la folie.

La porte s'ouvre derrière moi. C'est Louison qui rapporte du thé chaud et quelques pointes de sandwichs, deux carrés de camembert, un peu de pâté et des biscottes, des macarons.

— J'ai pensé venir prendre une bouchée en votre compagnie. Il faut vous sustenter un peu, Maestro, me lance-t-elle en déposant le plateau sur une table à café devant moi. Il faut donner à votre corps le carburant nécessaire qui lui permettra d'obéir aux ordres de votre cerveau.

Ces paroles de la jeune femme m'ont étonné. Elles ont éveillé en moi l'écho d'un vague souvenir. Je la regarde un court instant, et puis tout rejaillit en moi comme une vague bouleversante. Mon vieux maître ! Je me rappelle très bien, maintenant. J'en ai presque les larmes aux yeux. Il avait employé les mêmes mots alors que nous étions à quelques heures du concert qui réunissait les demi-finalistes au Concours international de piano de Montréal : « *Il faut d'abord vous sustenter, mon garçon. Il faut donner à votre corps le carburant nécessaire qui lui permettra d'obéir aux ordres de votre cerveau.* »

Exactement les mêmes paroles et dans des circonstances similaires, à ceci près, qu'elles ne sont pas prononcées par la même personne et avec soixante-cinq années de décalage. Cela me paraît tout à fait extraordinaire. Je ne bouge pas. Je ne peux détacher mes yeux de la jeune femme qui vient de s'asseoir en face de moi. Elle s'en avise et m'adresse à son tour un regard indécis.

— Quelque chose ne va pas, Maestro ? Ai-je dit quelque chose qui vous aurait déplu ? Il faut m'excuser. Je suis parfois un peu maladroite et un peu trop mère poule. J'ai tendance à employer un ton qui pourrait paraître condescendant.

— Non! Non! Absolument pas, mademoiselle.

— Mais peut-être préférez-vous rester seul? Je suis là à m'imposer...

— Non! Au contraire, votre présence me fait un bien énorme.

Nous nous mettons à manger en silence dans ce plaisir simple qu'on ressent à partager un repas tout frugal qu'il soit avec une aussi charmante jeune personne.

— Cet après-midi, Maestro, quand vous m'avez fait part de vos souvenirs, vous avez omis de me révéler un détail fort important.

— Un détail fort important? J'ignore à quoi vous faites allusion, ma chère enfant.

— Eh bien! vous avez arrêté vos confidences sur la finale du Concours international de piano de Montréal. Mais vous ne m'avez pas dit qui avait remporté le Grand Prix.

— Ah! Non? Vraiment, je ne l'ai pas mentionné?

— Non! me répond candidement la jeune femme en avalant une gorgée de thé.

— Ah! Bon! C'est que, voyez-vous, en fin de compte, tout ça n'a pas beaucoup d'importance, vous savez. En ce qui me concerne, dans ce genre de concours, quand on arrive en finale, il n'y a plus ni gagnant ni perdants. On triomphe sur un coup de chance, sur une gageure qu'on a prise ou qu'on n'a pas prise en interprétant telle pièce plutôt que telle autre, sur l'humeur fugitive d'un membre du jury, ou sur un effet de mode passager. Une infinité de petits riens en quelque sorte. Et puis gagner un tel prix, même dans un concours aussi prestigieux que celui de Montréal ou de Vienne, de Paris ou de Saint-Pétersbourg, ça ne fait pas une carrière.

— Je comprends, Maestro. Mais on ne participe pas à ce genre d'événements sur un coup de tête. On s'y prépare des mois à l'avance. Les candidats s'impliquent. Alors, ce ne doit pas seulement être pour des riens. Gagner un tel prix doit bien avoir une certaine importance, non ?

— Oui, pour la confiance en soi, peut-être. Pour l'envie de continuer, sans doute. Mais en fin de compte, si on y prend part, c'est essentiellement pour une question d'ego. Pendant un mois ou deux, souvent moins, le récipiendaire se sent le roi du monde, et ensuite on se rend compte qu'il n'en est rien. On comprend vite que la musique n'a rien à voir avec la compétition, à moins que ce ne soit avec soi-même. Depuis quand la musique serait-elle devenue un champ de courses, une patinoire, une arène de boxe ou un terrain d'affrontement ? C'est tout à fait contraire à l'esprit même de la musique. La musique a été créée essentiellement pour réunir les êtres humains, pas pour qu'ils s'opposent entre eux dans des combats puérils. Pour moi, ces concours sont d'une absurdité absolue. On m'a souvent demandé de faire partie de l'un ou l'autre de ces jurys. J'ai toujours refusé.

— Donc, si je comprends bien, Maestro, et considérant que vous mettez tant d'efforts à discréditer tous ces concours, j'en déduis que vous n'avez pas gagné le Grand prix de Montréal ? C'est exact !

Louison a glissé cette conclusion dans le plus désarmant sourire qui soit. J'ai éclaté de rire. Elle sait très bien comment s'est terminé ce satané concours de piano pourtant.

— Non ! finis-je par avouer tout en continuant de m'amuser de cette impertinence tout à fait réjouissante. Je l'ai gagné… Mais, comme je vous le disais plus tôt, ça n'a aucune espèce d'importance. Maintenant, mangeons et parlons d'autre chose.

— Vous avez raison, Maestro, mangeons ! Ensuite, je dois aller me faire une beauté, et ça, c'est toujours un peu long !

— Oh ! Ça ne doit pas être si difficile ! ne puis-je m'empêcher d'affirmer.

Elle sourit en portant une pointe de sandwich à sa bouche.

38

En chair et en os

IL Y A UN MONDE FOU ! ME LANCE LOUISON EN RENTRANT DANS MA LOGE VINGT MINUTES AVANT LE DÉBUT DU CONCERT. Nous avons dû ouvrir la salle au public un peu plus tôt que prévu. Le grand hall débordait.

Je ne peux m'empêcher de la regarder papillonner dans la pièce. Elle est vêtue somptueusement d'une robe noire qui moule parfaitement sa fine taille. Les cheveux remontés en un chignon lâche, une perle à chaque oreille, un maquillage discret qui rehausse la beauté de ses yeux. Je me surprends à murmurer combien cette admirable personne a du style et un charme fou.

Elle semble chercher quelque chose puis, sans me fixer, elle me demande ce que je viens de dire.

— J'ai dit quelque chose, moi ?

— Vous avez marmonné.

— Eh bien, je me faisais le commentaire suivant. Oh ! On a dû vous le dire souvent, mais je ne peux m'empêcher de le répéter à mon tour : vous êtes vraiment une jeune femme tout à fait merveilleuse. Et je vous remercie d'avoir si bien pris soin du vieil homme que je suis.

— Ne dites pas de bêtises, Maestro. C'est moi qui vous remercie de m'avoir donné la chance de vous accompagner dans cette splendide et touchante aventure. Vous êtes non seulement un artiste comme on en voit peu dans toute une vie, mais vous êtes un être doté d'une jeunesse éternelle avec une âme d'une belle pureté.

— Ah ça ! C'est parce que je suis une très vieille âme. Elle doit remonter de l'âge de Cro-Magnon. Aussi, bien sûr… !

— Alors Cro-Magnon était une bien belle personne !

J'ai vu ses yeux se couvrir d'éclat d'eau. Elle s'est penchée vers moi et m'a embrassé sur la joue. Elle s'est redressée en échappant un long soupir comme pour reprendre contenance.

— Mais cela ne me donne pas ce que je suis venue chercher.

— Quoi donc !

— Deux flûtes que j'avais déposées ici, cet après-midi…

— Deux flûtes ? Mais je n'ai vu aucune flûte ! Pourquoi des flûtes, par tous les dieux !

— Ah! Les voilà! ... Je savais bien que je les avais laissées ici... J'ai apporté une demi-bouteille de champagne. Vous allez bien accepter de trinquer avec moi.

— Mais habituellement le champagne, c'est pour après!

— Eh bien! Maestro! Ce soir est une circonstance qui ne se renouvellera pas. On ne peut raisonnablement en espérer de plus exceptionnelles. Et après le concert, on va vous enlever à moi, vous serez pris par tout le gratin qui s'entasse dans cette salle et vous n'aurez pas une seconde à me consacrer.

— Et pourquoi pas? ai-je répondu en me levant. À quoi boirons-nous, ma chère?

Louison me tend mon verre après y avoir versé le champagne.

— Nous boirons à vous, François Moshar! Un être unique et un pianiste prodigieux qui aura su élever la musique à la hauteur des dieux! Merci!

— Eh bien! dans ce cas, je boirai donc à vous, chère Louison, puisque vous me demandez de boire à « vous ». Que la vie vous soit douce et qu'elle vous inonde de bonheur, ce bonheur que vous prodiguez aux autres avec tant de générosité.

— Alors, à nous et à nos jeunes années!

Nous vidons nos verres. Puis, je me dirige vers la table. Je prends la lanière de soie noire.

Je boutonne le col de ma chemise. Et j'essaie de me fabriquer un nœud convenable. Je m'y prends à trois reprises sans y parvenir. Finalement, Louison est venue à mon secours et, avec son aide, j'y suis arrivé non sans lâcher quelques mots gras de mon cru.

— Mais pourquoi ne vous achetez-vous pas de ces nœuds papillon déjà tout faits ?

— Il est bien temps de me le dire maintenant que ma carrière touche à sa fin. Et puis ces nœuds sont horribles. Ils ne sont bons que pour les paresseux.

— Mais, cessez de vous agiter comme ça, Maestro. Je ne parviens pas à fixer correctement, ce nœud... Voilà ! Vous êtes magnifique !

— Et je suis déjà épuisé. M'habiller me demande désormais plus d'énergie que de jouer tout un concerto. Et ces maudits souliers qui me serrent les pieds. On ne devrait porter que des mocassins en peau de daim ou des pantoufles doublées en mouton.

On frappe à la porte.

— Entrez ! que je réponds avec une certaine impatience dans la voix.

La porte s'ouvre à demi.

— Je ne vous dérange pas, j'espère ? lance le maestro Grossmann en passant la tête dans l'embrasure de la porte !

Aussitôt, mon visage s'éclaircit d'un sourire bienveillant.

— Mais entrez, mon cher Charles-Henri. Ne restez pas sur le seuil ! Excusez mon ton de voix ! Je crois que, ce soir, j'ai un peu de mal à contrôler mes émotions.

— Je vous comprends. C'est un peu pareil pour moi… Je venais vous saluer avant le concert ! Je sais que ce concert revêt pour vous une importance toute particulière. Je peux vous assurer que chacun des musiciens et moi-même sommes très conscients de vivre un moment historique.

— Oh ! Historique ! N'exagérons rien.

— Je n'exagère pas, Maestro… Nous avons partagé ensemble de nombreux moments fastueux en bien des endroits en ce monde. Mais celui-ci restera dans ma mémoire comme le plus éblouissant et très certainement le plus émouvant de ma carrière. Je tiens à vous remercier pour tout ce que vous avez apporté à la musique. Et je voulais être le premier à vous transmettre tous mes meilleurs vœux pour les nombreuses années qu'il vous reste à vivre et pour vous manifester toute mon admiration et mon respect.

— Le moment le plus émouvant sera quand vous prendrez vous-même votre retraite. Mais je doute être là quand ce moment arrivera. Vous êtes encore jeune. Alors, permettez-moi déjà de vous remercier à mon tour pour tout ce que vous avez fait ici avec ce merveilleux orchestre, et pour tout ce que vous accomplirez ici ou ailleurs durant ces nombreuses années qu'il vous reste à diriger.

Nous nous sommes embrassés. Lui et moi, nous avons des larmes aux yeux. Il se redresse en cherchant à reprendre contenance.

— Bon ! Nous avons encore ce concert à donner. Les épanchements devront attendre… Il y a un monde fou. Pas un siège de libre. Tout le gratin s'est déplacé : la Première ministre du Canada, celui du Québec et de l'Ontario, une dizaine de ministres, les maires de Québec et de Montréal, la chef de l'Opposition officielle, une trentaine de députés, des journalistes, des critiques. Bref, la salle est pleine à craquer.

— Oui, tout le gratin est là, mais il manque tout de même quelqu'un.

— Qui donc ?

— Je l'ignore. Ce n'est jamais la même personne ! Vous verrez, mon cher Charles-Henri. Ça ne rate jamais. Après les dix premières mesures, un couple va se présenter, déranger toute la rangée parce que, naturellement, ces béotiens auront réservé les sièges du milieu.

Mon ami éclate de rire, me salue, salue aussi Louison puis se retire. Je me rassois dans mon fauteuil. Louison reprend sa place face à moi. Elle nous verse du thé que nous savourons en silence. Elle me dévisage étrangement comme si elle cherchait un signe qu'elle ne parvient pas à trouver à travers les rides de mon visage.

— Quelque chose ne va pas, mademoiselle ? Ma coiffure ? Mon col est mal boutonné ?

Elle dépose la tasse sur la table, me fixe à nouveau.

— Tout à l'heure, avec maestro Grossmann, vous avez évoqué une absence. *Il manque toujours quelqu'un !* avez-vous dit. Et j'ai senti dans l'inflexion de votre voix qu'à cet instant, vous ne faisiez pas référence à ces éternels retardataires. Je me trompe ?

Je ne réponds pas. Je reste là, pensif, dans mon fauteuil. Cette jeune femme possède cette rare faculté de débusquer les tourments que l'on cache très profondément en soi. C'est un ange. Et moi je suis vieux. Si vieux tout à coup. Si vulnérable !

— J'aurais tant souhaité qu'IL soit ici ce soir. Que, pour une fois, je passe en premier sur tout le reste de ses obligations…

Je fais silence. Ma main remue et balaie l'air comme si je cherchais à effacer les paroles que je viens de prononcer.

— Je ne suis qu'un vieil égoïste ! Vous allez croire que Frédéric ne s'est jamais préoccupé d'être à mes côtés, alors qu'IL l'a fait à de très nombreuses occasions souvent au détriment de ses propres intérêts. Tenez, une fois, IL n'a pas été présent au vernissage d'une exposition de ses œuvres dans une célèbre galerie d'art de New York. IL avait plutôt pris l'avion pour me rejoindre à Londres où je donnais un concert avec le London Philharmonic. IL savait que je n'étais pas en très grande forme en raison d'une tournée qui s'éternisait. Non, vraiment, Frédéric a toujours été là pour moi. Alors, il faudrait que je sois le dernier des ingrats pour LUI reprocher son absence de ce soir. Roxanne se relève difficilement d'une grave opération. Ils sont jumeaux, vous le saviez ?

— Non ! Je l'ignorais.

— Des jumeaux homozygotes ! Des jumeaux identiques. Ces deux-là sont rattachés l'un à l'autre par des liens qui vont au-delà de ceux qui unissent un frère et une sœur. Ils sont complémentaires. Il est étonnant, quand ils sont ensemble, de constater qu'ils respirent à la même cadence, éprouvent les mêmes sensations pour les mêmes choses. Si l'un bâille, l'autre bâille au même moment, ni avant ni après, pile au même instant. Si l'un tousse, l'autre toussera aussi. Ils apprécient les mêmes mets, fréquentent les mêmes restaurants. Ils marchent du même pas, dans la même posture, et posent sur le monde le même regard caustique. Ils rient des mêmes situations, possèdent les mêmes intérêts. Ils ne partagent pas les mêmes affinités politiques bien qu'ils soient tous deux d'obédience gauchiste. C'est peut-être la seule chose qui les distingue. Roxanne est plus extrême dans ses positions sans être extrémiste. Frédéric est plus social-démocrate. Mais à part ça… Non ! Je comprends qu'IL se soit précipité au chevet de sa sœur. Et puis Roxanne a été si bonne pour nous.

À nouveau, on frappe à la porte.

Cette fois, Louison est allée répondre. Une jeune placière se présente.

— C'est une lettre pour Monsieur. Il y a deux roses d'épinglées sur le dossier du fauteuil n° 1 de la troisième rangée. Il y avait aussi une enveloppe adressée au personnel de la salle et dans l'enveloppe, cette seconde enveloppe, adressée cette fois à maestro François Moshar, sur laquelle il est écrit « À remettre 10 minutes avant le début du concert. »

Louison tourne et retourne la lettre, fort intriguée par son contenu.

— Deux roses et puis cette lettre ? Décidément, vous avez des admirateurs particulièrement mystérieux, Maestro !

— Je crois savoir de qui ça vient. Cette personne sera restée fidèle jusqu'à la fin à nos vieilles habitudes. Je me demandais si elle n'allait pas oublier. Mais non ! Au fond, je savais qu'elle ne ferait pas défaut à cet ultime rendez-vous.

Je décachète l'enveloppe, en retire un carton avec un encadré doré. À l'intérieur du rectangle, il y a ces mots. Je tends le message à

Louison pour qu'elle le lise, car j'en connais le contenu par cœur.

— « Je suis désolé de n'être pas présent. Mais je suis là ! Fais-moi une place sur le banc du piano. » Signé O… O ? Étrange comme signature ! Vous savez qui est ce O ?

— C'est un message de Frédéric. Le même depuis 60 ans ! C'est signé O, car il détestait que je l'appelle Frédo. Alors, on s'était mis d'accord sur un diminutif du diminutif. On a gardé le O de Frédo…

— Vous êtes ensemble depuis 60 ans ! C'est tout à fait remarquable.

— Soixante-cinq, pour être précis. Mais nous avons emmménagé ensemble quand nous avons eu 21 ans. Frédo était encore aux études à l'École des beaux-arts de Montréal. Il n'avait pas les moyens de m'accompagner dans mes tournées. Ce n'est qu'à l'âge de 22 ans qu'il a commencé à le faire. Nous étions installés à Florence où Frédo suivait des cours à l'Académie des Arts avec une bourse du gouvernement canadien. C'est comme ça qu'il a commencé à pouvoir m'accompagner dans les capitales européennes où je donnais mes concerts. Pas toujours bien sûr. Quand il ne pouvait être présent, il me laissait ce message avec les deux roses sur un banc réservé exprès pour lui.

— Et pendant soixante années, il vous a laissé ce message ?

— Oui ! Il n'a jamais fait défaut à sa promesse. Pas une seule fois. Deux roses sur le dossier du siège n° 1 de la troisième rangée, quelle que soit la salle où je jouais. Dans chacun des contrats que j'ai signés, il était stipulé qu'on me réserve le fauteuil n° 1 de la troisième rangée. C'était d'office celui qui était attribué à Frédéric qu'il soit présent ou pas. Personne d'autre n'avait le droit de s'y trouver. C'était celui qu'il aurait occupé lors de la finale du Concours de piano de Montréal, s'il n'avait pas été cloué sur son lit d'hôpital. C'est son oncle Jean qui avait eu l'idée d'y mettre deux roses pour marquer sa place. Nous n'avons fait que perpétuer cette coutume partout où je suis passé... Durant ces soixante ans, j'ai dû donner près de cinq mille concerts à travers le monde. Frédo m'accompagnait chaque fois qu'il le pouvait lors de ces longues tournées. Il trainait ses tubes, ses brosses et ses toiles là où nous nous arrêtions. Il dessinait ou il peignait pendant le jour. Souvent, j'étais avec lui sur les bords d'une rivière, près d'un champ ou dans un garage transformé pour cette journée en atelier improvisé. Pas toujours, là encore, mais j'essayais d'être à ses côtés le plus souvent possible. Je m'assoyais sur un transat, je le regardais réaliser ses esquisses, j'admirais le paysage, je lisais, je sommeillais. Nous avions un petit système de son portatif de très bonne qualité sur lequel nous écoutions de la musique.

Ce furent des moments merveilleux. Bien sûr, comme je vous l'ai dit, il n'était pas toujours présent. Quand il préparait une exposition ou quand il s'acharnait sur un tableau qui le tourmentait, il restait ici dans son atelier et il peignait. Mais chaque fois le fauteuil n° 1 de la troisième rangée lui était réservé. Et à chaque concert où il n'a pu se rendre, il demandait qu'on installe sur le dossier de son siège les deux roses rouges habituelles et qu'on me remette dix minutes avant ma prestation, toujours ce même message.

— Et vous dites qu'il n'a jamais failli à sa promesse ?

— Jamais ! Près de deux mille soirs dans ma vie, j'ai reçu de Frédéric les deux roses ainsi que ce message. C'était sa manière d'être présent même quand il était absent.

— C'est tout à fait admirable !

— Oui ! Admirable, en effet ! Mais, ce soir, j'aurais préféré qu'il soit là à mes côtés en chair et en os.

39

Comme si la vie était éternelle

LES DERNIERS COUPS DES ARCHETS S'ALANGUISSENT EN DOUCEUR. *L'ouverture de Lohengrin* vient de se terminer sous les applaudissements du public. Maestro Grossmann est sorti de scène. Quelques secondes s'écoulent. La salle est silencieuse. Nous revenons sur scène, Grossmann et moi. La salle se lève d'un bond. Une ovation monstre. Chose rarissime, tous les musiciens se joignent à la longue ovation. Les applaudissements s'éternisent, une minute, puis deux, puis trois. Je ne sais plus quelle attitude prendre. Je m'attendais à un accueil chaleureux certes, mais pas à ce débordement de bravos et de sifflets qui, chez nous, contrairement en Europe, sont un témoignage d'admiration, là encore utilisé qu'en de très rares occasions, surtout lors de concerts de musique dite classique. J'ai le temps plus d'une fois de jeter un coup d'œil en direction du siège libre au milieu de la troisième rangée. Les deux roses y sont bien accrochées. IL ne sera donc pas venu. « Si tu avais pu être là pour assister à ce moment, mon amour, c'aurait été alors parfait !» que je ne cesse de me répéter pendant que je salue le public qui est debout.

J'ai finalement appelé le silence par de grands signes des bras. Lentement le public s'est assis, l'orchestre a repris sa place. Grossmann est monté sur sa petite tribune. J'ai seulement dit.

— Merci pour ces applaudissements chaleureux. Surtout que je n'ai pas encore joué une seule note. Peut-être qu'à la fin du concert regretterez-vous cette belle générosité.

Il y a un éclat de rire dans la salle. Quelques nouveaux applaudissements. Je me dirige vers le piano. Je m'installe sur mon banc. Un long et profond moment de silence et de recueillement. Un regard vers maestro Grossman et nous voilà partis pour la dernière aventure.

Il y a des moments dans la vie où les choses se font sans que ayons l'impression d'agir sur les éléments qui les constituent. Elles s'installent toutes seules sans qu'on sache trop ni pourquoi ni comment. Bien sûr, si par mégarde on prenait un cliché de ce qui se produit, on verrait que nous agissons apparemment normalement, mais cela se fait par une sorte de dépendance, d'habitude, une sorte de mouvement réflexe, surgi de très loin en soi, comme une règle à laquelle il nous faut consentir et à laquelle nous obéissons sans même en prendre conscience. C'est le résultat d'un immense travail de fond, totalement intégré, assimilé.

C'est ainsi que s'est joué le concerto n° 2 de Rachmaninof qui suit. Non pas mécaniquement, non, certes pas, mais avec une application si prégnante que je n'ai eu qu'à me laisser porter par l'instant, chaque instant s'additionnant dans sa perfection aux autres instants pour créer un moment, et chaque moment s'ajoutant les uns aux autres pour former un tout homogène, aux saveurs de cette œuvre somptueuse.

Il s'en est suivi une ovation monstre. Je suis sorti de mon état de semi-inconscience pour affronter tout ce bruit, et, pendant une fraction de seconde, je ne sais plus dans quelle direction diriger mon regard. Je reste assis à mon banc pendant de longues secondes comme si une force m'y retenait cloué. Finalement, j'émerge de mon rêve comme un naufragé sort la tête de l'eau pour respirer l'air qui le maintiendra en vie un moment encore. J'ai salué la foule qui m'acclame. J'ai instinctivement posé les yeux vers le fauteuil n° 1 de la troisième rangée. Les roses n'y sont plus. La place est occupée par un homme assez âgé, plutôt grand, avec de magnifiques yeux bleus, si brillants qu'on les dirait chargés de larmes de joie, de fierté, avec une longue chevelure blanche et épaisse, un visage d'une beauté sublime, un corps droit, solide. IL applaudit. Puis voyant que je le regarde, IL s'arrête. Le retardataire, cette fois, c'était LUI. IL est là. IL n'aurait manqué ce rendez-vous pour tout l'or de la Terre, m'avouera-t-il plus tard. IL fait un petit signe du doigt pour m'indiquer la loge du parterre vers ma droite. Je détourne les yeux dans la direction indiquée par Frédéric. Je vois une vieille femme tout aussi belle que l'homme du siège n° 1. C'est Roxanne installée dans un fauteuil roulant avec Vincent, son mari, et leurs fils Antoine et Alexandre ainsi que leurs épouses et mes onze neveux et nièces avec aussi femmes, maris et enfants. Une trentaine de personnes en tout. Ils sont tous là. Toute la famille est là. Ah!

Le nom de Vincent, le mari de Roxanne vous dit quelque chose, n'est-ce pas? … Ça ne vous revient pas? Non? Et si je vous dis Vincent Renaud? … Ça vous démange, mais ça ne vous revient toujours pas. Je ne vous ferai pas languir plus longtemps. C'est le gardien de but, le premier violon de l'orchestre de l'école de musique, celui que je trouvais si beau! Il avait pris ma défense contre le consternant Gingras ce fameux soir où j'avais assisté au match de hockey…

Ah ! Vous vous rappelez ! Vincent est un homme remarquable que j'aime beaucoup. Il ne joue plus de violon depuis très longtemps. Mais il a fait une carrière exceptionnelle dans le domaine de la recherche médicale. C'est son équipe qui a réussi à stabiliser le vaccin contre la maladie de Lyme, et qui a participé à l'élaboration d'un vaccin contre l'Ebola. Son illustre carrière lui a valu le titre de compagnon de l'ordre du Canada, la médaille du Président de l'Assemblée Nationale du Québec ainsi que le titre du scientifique de l'année de Radio-Canada.

Je lève les yeux vers le plafond pendant que les applaudissements continuent à se faire entendre. Je les vois qui volent au-dessus de ma tête. Mes trois murs sont toujours là. Pâlots, ébréchés, délabrés, lézardés de partout, éventrés. Mais ils ont tenu bon. Je vois bien cependant qu'ils sont fatigués, meurtris, désabusés. Ils n'ont plus envie d'être là. Ils savent que leur rôle est terminé depuis longtemps. Mais je n'ai jamais voulu m'en défaire. Et aujourd'hui, ils m'implorent de les laisser partir…

« Partez, mes amis, je ne vous retiens plus. Votre tâche est désormais accomplie. »

Je les vois qui s'éloignent de plus en plus, qui s'effacent. Voilà que les deux premiers ont disparu. Le dernier s'attarde. C'était le plus lourd, le plus épais, le plus étanche des trois.

Le plus fier aussi. Celui qui m'aura coûté le plus de larmes et d'efforts à entretenir. « *On est ce qu'on est, mon ami !* » oserais-je lui dire en guise d'adieu s'il pouvait m'entendre. Mais il n'y a rien de plus sourd qu'un mur. Alors, à quoi bon ? Quelques briques s'arrachent une dernière fois de ses parois et dégringolent vers le néant. C'est tout.

Les applaudissements continuent dans la salle. Je salue une dernière fois le public. Je sors. Entracte !

Pierre Desrochers

Peut-être êtes-vous de ceux qui ouvrent un livre en commençant par la fin. Alors vous tombez sur ce texte qui parle de musique et vous vous demandez pourquoi parler de musique à la fin d'un roman qui s'attache à dénoncer l'intolérance. Je vous parle de musique, parce que, selon moi, la musique est le plus parfait véhicule pour conduire l'âme vers les hauteurs vertigineuses de l'émotion humaine et de la générosité. Bien sûr, la musique, quelle qu'elle soit, exige beaucoup de ceux qui la créent et de ceux qui l'interprètent, mais elle offre tellement plus qu'elle n'exige, surtout pour ceux qui l'écoutent.

Allez dans n'importe quel concert que ce soit, rock, jazz, classique ou chansons dites populaires, et vous verrez autour de vous des gens sourire, frapper dans leurs mains, bouger, s'extasier en chœur dans une communion parfaite avec la musique. On sort d'un concert rassasié, comblé, énergisé, transformé. Une personne qui assiste à un concert dans une salle ou en plein air n'en sort jamais tout à fait la même. Comme si la musique la rendait plus légère, plus vivante, plus humaine.

La musique est partout autour de nous, elle se nourrit de ce que ce monde imparfait offre de plus noble. Écoutez cette femme, cet homme, cet enfant qui chante et vous saurez que cette personne est heureuse.

Je me suis donc servi de ce que je connaissais de la musique pour vous offrir une histoire qui, je l'espère, vous aura plu ou qui vous plaira... Le contraste entre la beauté de la musique que François Moshar interprète et les défis difficiles auxquels il est confronté crée une atmosphère singulière et nous propulse dans un maelström d'émotions tout à fait unique.

100%

Imprimé sur Rolland Enviro.
Ce papier contient 100% de fibres postconsommation,
est fabriqué avec un procédé sans chlore
et à partir d'énergie biogaz.

Achevé d'imprimer
à Montmagny (Québec)
sur les presses de Marquis Imprimeur
en juillet 2019

MARQUIS